KURT TEPPERWEIN

Das Buch der *wahren Freude*

Entdecke deine größte
innere Kraftquelle

WILHELM HEYNE VERLAG
MÜNCHEN

Sollte diese Publikation Links auf Webseiten Dritter enthalten,
so übernehmen wir für deren Inhalte keine Haftung,
da wir uns diese nicht zu eigen machen, sondern lediglich auf deren
Stand zum Zeitpunkt der Erstveröffentlichung verweisen.

MIX
Papier aus verantwortungsvollen Quellen
FSC® C014496
FSC
www.fsc.org

Verlagsgruppe Random House FSC® N001967

Originalausgabe 05/2020

Umschlaggestaltung: Guter Punkt, München
Umschlagfoto: © iadw.com
Herstellung: Helga Schörnig
Satz: Schaber Datentechnik, Austria
Druck und Bindung: GGP Media GmbH, Pößneck

ISBN: 978-3-453-70387-2

www.heyne.de

Inhalt

Vorwort

Wer meine Bücher kennt, weiß, dass ich mich gern auf die Gesetzmäßigkeiten des Lebens beziehe. Und es wird ihm auch nicht fremd sein, dass ich das Leben als Spiel bezeichne. Das hat einen Grund. Und es hat auch einen Grund, warum ich es immer wieder erwähne. Alles, was Sie hören, sehen oder lesen, nehmen Sie unweigerlich in sich auf. Das muss nicht bewusst geschehen, es ist vielmehr ein unbewusster Vorgang. Damit etwas wirken kann, muss es öfter auf Sie einwirken. Die Menge macht's. Wenn Sie in einer Schublade nach einer Nadel suchen, kann das recht schwierig werden. Wenn Sie aber einhundert Nadeln darin liegen haben, werden Sie mit Gewissheit fündig werden. So verhält es sich auch mit Worten, die sich in Ihnen niederlassen. Und wenn sie Ihnen guttun, werden Sie sich immer wieder genau solche Worte in sich hineinholen wollen. Und eines Tages wird diese Sammlung in Ihnen fruchten.

Es gibt uns ein gutes Gefühl, uns mit Dingen zu beschäftigen, auseinanderzusetzen und zu umgeben, die erbaulich sind. Es gibt genug Dinge im Leben, die uns herunterziehen. Warum also sollten wir uns nicht aktiv mit freudigen beschäftigen? Die Macht der Wiederholung ist dabei etwas Wunderbares. Es ist die Kraft, in Ihrem Leben eine Veränderung herbeizuführen, die auch Ihre Sichtweise einschließt. Das ist letztlich der Grund, warum Menschen immer wieder gern zum gleichen Buch greifen oder sich so oft wie möglich mit Menschen unterhalten, die positiv gestimmt sind.

Auch Worte wirken auf verändernde Weise. Eine innere Sammlung positiver Einsichten und Erkenntnisse wird gewiss eine andere Wirkung auf Sie haben als ein einzelner Satz, der einsam in Ihrem Herzen herumliegt. Aber es geht es nicht einfach um die Worte selbst, sondern um das, was sie transportieren. Zu den Gesetzmäßigkeiten des Lebens gehört auch das Prinzip von Ursache und Wirkung. Wir alle kennen die Aussage, dass wir zu dem werden, womit wir uns umgeben. Und je mehr wir uns mit etwas beschäftigen, umso mehr wird es uns vereinnahmen, und bestenfalls bereichern und infolgedessen zum Guten verwandeln.

Werden Sie zum bewussten Spieler Ihres Lebens. Es spricht nichts dagegen, aktiv daran teilzuhaben und dieses Spiel voller Freude mitzugestalten. Es geht nicht um das Spiel selbst, es geht darum, wie Sie sich dabei in jedem einzelnen Moment fühlen. Gewiss ist das Leben nicht immer freudvoll und leicht, aber wer sagt, dass es so sein müsste? Die Schattenseiten des Lebens lassen uns heranreifen, sie lassen uns geduldiger und weiser werden. Und was könnte daran schlecht sein? Warum also Erfahrungen ablehnen, die wir erst einmal nicht mögen?

Sicher, in der heutigen Zeit setzt man andere Prioritäten und es wird nach anderen Zielen Ausschau gehalten als nach Weisheit. Doch Sie allein bestimmen, wie Ihr Leben aussehen soll, und es spielt keine Rolle, womit sich andere beschäftigen. In Ihrem Leben geht es um Sie und um Ihre Entfaltung, um Ihre Verwirklichung des Selbst.

Ich hatte das große Glück, heranreifen zu dürfen, ohne größeren Schaden zu erleiden. Es ist nicht selbstverständlich, in einer wohlbehüteten Familie aufwachsen und ein geordnetes Leben führen zu können. Es gibt so viele Erschwernisse im Leben. Seien Sie dankbar, wenn Sie morgens gesund aufstehen und aus dem Fenster schauen können. Schon das ist Grund genug, um fröhlich zu sein. Sie haben es geschafft und sind weiterhin im Rennen, was nicht so selbstverständlich ist. Niemand weiß, wenn er abends schlafen geht, ob er am nächsten Morgen wieder aufwachen wird. Wir setzen es zwar voraus, es kann aber auch ganz anders kommen. Über solche Dinge denken wir nicht nach, weil alles zur Selbstverständlichkeit geworden ist. Dass wir genug zu essen und zu trinken haben, dass wir arbeiten können, dass wir eine wundervolle Natur haben, in der wir uns frei bewegen dürfen – können Sie das wirklich schätzen? Sie finden es sicher gut, aber ist Ihnen der Wert dieser immensen Geschenke bewusst? Die Freude darin?

Die Freude, die wir kennen, ist meist an geglückte Handlungen, erfolgreich erlangte Ziele und außerordentliche Aktivitäten oder Ereignisse gekoppelt. Von dieser Freude erzählt dieses Buch nicht. Es erzählt von einer tieferen Freude, von einer Freude, die ich seit meinem Kindesalter in meinem Herzen tragen darf. Sie wurde auch oft getrübt, denn das Leben ist für niemanden ein Zuckerschlecken. Wir alle haben unsere Erfahrungen zu machen, ob wir wollen oder nicht. Doch ich frage mich: Wo wäre ich heute ohne meine Erfahrungen? Und genau dasselbe frage ich Sie.

Die wahre Freude erleben Sie, wenn Sie Erfahrungen nicht verhindern, loswerden oder ändern wollen, sondern Ihnen neutral gegenüberstehen. Alles, was geschieht, hat einen Grund. Auch wenn wir den nicht kennen, empfiehlt es sich, alles kompromisslos anzunehmen. So, wie es ist, ist es richtig. Wobei ich sagen muss, dass über »richtig« und »falsch« ohnehin nur das Auge des Betrachters entscheidet. Alles, was ist, ist einfach. Der Punkt ist aber: Wenn Sie das Leben mit all seinen Herausforderungen, Ecken und Kanten bejahen, sprechen Sie damit eine Einladung an die Freude aus. Sie öffnen ihr die Türen und begrüßen sie. Die Freude war eigentlich immer schon da, doch solange Sie die Türen verschlossen hielten, musste sie draußen bleiben. Jetzt ist der richtige Zeitpunkt, ihr die Türen endlich weit zu öffnen und dort einzutauchen, wo Vergängliches zur Nebensache wird. Dieses Buch wird Sie dabei begleiten.

Ich wünsche Ihnen von ganzem Herzen ein freudvolles und vitales Leben,

Ihr Kurt Tepperwein

Das Leben ist schön!

So manches ist uns ein Graus. Das Leben entspricht eher selten unseren Vorstellungen. Wünsche erfüllen sich nicht, Ziele lassen sich nicht erreichen und irgendwie läuft alles ganz anders als geplant und gewollt. Es sind dabei nicht nur die großen Dinge, die uns beschäftigen, es gibt auch unendlich viele Kleinigkeiten, die uns so richtig nerven können. Das beginnt vielleicht beim Ausfüllen der Steuererklärung und endet bei der Parkplatzsuche. Zwischendrin noch das endlose Ausharren in der Warteschleife, wenn der Telefonhörer zum x-ten Mal nichts anderes von sich gibt als: »Bitte haben Sie noch etwas Geduld. Wir sind gleich für Sie da.« Der Computer streikt, das Auto springt nicht an und das Mittagessen brennt an. Ein längst überfälliges Paket ist verschollen, die frisch gewaschene Bluse hat plötzlich einen Fleck und warum sind die Schlüssel schon wieder nicht auffindbar?

Ist Ihnen auch schon einmal aufgefallen, dass jeden Tag etwas schiefläuft? Sie sollten das einmal genauer beobachten, dann merken Sie nämlich, dass sich jeden Tag etwas ereignet, was nicht nach Plan funktioniert. Warum ist das so? Es scheint völlig normal zu sein, sich jeden Tag mit unerfreulichen Dingen auseinandersetzen zu müssen, die einfach nur aufhalten. Vielleicht ist es eine Art und Weise des Lebens, uns darin zu schulen, in Bewegung zu bleiben und nicht noch tiefer zu schlafen, als wir es ohnehin schon tun. Auch wenn es für alles, was passiert oder auch nicht passiert, gar keine Erklärung braucht, im Leben scheint irgendwo der Wurm drin zu sein. In Ihrem Alltag auch?

Niemand weiß, warum die Dinge so sind, wie sie sind. Aber es ist ein netter Gedanke, dass uns das Leben mit all seinen Miseren lediglich eine kostenlose Ausbildung im Bereich Einfallsreichtum, Durchhaltevermögen, Geduld und Erfindergeist erteilen will.

Würde jeden Tag alles wie am Schnürchen laufen, wäre es zwar gemütlicher, aber wir wären auch nicht so kreativ. Haben Sie Ihre Gedanken schon einmal in diese Richtung gelenkt?

Wir fluchen des Öfteren mal, ärgern uns, beschweren uns und lassen uns über die Missgeschicke aus, die uns widerfahren. Doch nicht nur diese Missgeschicke beanspruchen viel wertvolle Zeit, sondern auch unser Widerstand. All das Fluchen und Jammern nimmt Zeit in Anspruch – und es kostet Energie. Jede Menge! Es ist nachvollziehbar, dass wir unserem Ärger Luft machen wollen. Vielleicht würden wir sonst explodieren. Doch Schimpfen und Jammern hilft nichts. Vielleicht fühlen wir uns danach ein wenig besser, aber wir haben das, was wir ablehnen, wieder aufgewärmt, statt es ruhen zu lassen. Es wieder und wieder durchzukauen, scheint uns allen zu liegen. Das Abgelehnte und Unangenehme wird wieder und wieder ins Bewusstsein gerufen. Doch ist das hilfreich?

»Früher war es besser«

Dieser Gedanke schleicht sich gern bei uns ein, doch ist das wirklich so? Vielleicht haben wir vieles nur vergessen oder früher anders empfunden. Fakt ist, dass kein Tag vergeht, an dem uns kein defektes technisches Gerät oder Programm auf die Palme bringt oder irgendein anderes Ärgernis widerfährt. Ständig eckt etwas an oder nervt. Irgendetwas geht immer in die Hose. Oft kommt noch hinzu, dass wir mit unserem Ärger ziemlich allein dastehen. Hört uns dann endlich einmal jemand zu, müssen wir alles x-mal sagen. Wir fühlen uns mit unserem Stress und unseren Sorgen nicht verstanden. Doch drehen wir die Frage einmal um: Verstehen wir die anderen und hören wir ihnen wirklich zu?

Ich habe mich in jungen Jahren oft missverstanden gefühlt und konnte auch aufbrausend sein. Wenn mich das Leben zu Handlungen gezwungen hat, die ich nicht tun wollte, kam oft Unverständnis auf. Als ich mich beispielsweise einmal mit einem Kumpel treffen wollte und das Auto nicht ansprang, gab ich dem Alter des Autos die Schuld. Ich blieb genervt zu Hause sitzen – und dann kam ein Anruf, der mein ganzes Leben veränderte. Damals gab es ja noch keine Handys und ich wäre nicht erreichbar gewesen, wenn ich zu dem Kumpel hätte fahren können.

Heute ist man stets zu erreichen und durch diese oft flüchtige Überkommunikation entsteht ein neues Problem: noch mehr Missverständnisse. Kennen Sie das? Wie oft haben Sie sich schon darüber ausgelassen, dass Ihre

E-Mails nie richtig gelesen werden? Die Antworten passen einfach gar nicht zu den Fragen, die Sie gestellt hatten. Eigen! Ich erlebe das oft. Manchmal kommt es mir so vor, als würde ich nach dem Weg zum Bahnhof fragen und es wird mir die Lage des Flughafens erklärt. Drücken wir uns so undeutlich aus, liest der andere nicht aufmerksam genug oder sprechen wir unterschiedliche Sprachen? Oder liegt es an den verschiedenartigen Auffassungen, die wir mitbringen oder uns im Laufe der Zeit angeeignet haben? Es mag viele Gründe geben, doch stellt sich die Frage, ob uns überhaupt jemand verstehen kann? Jeder Mensch trägt seine eigene Welt mit sich herum. Kein Augenpaar ist in der Lage, dasselbe zu sehen, zu empfinden oder zu verstehen wie ein anderes, weil unsere Prägungen, Erinnerungen und Erfahrungen über die Sicht entscheiden. Fast immer äußern wir Interpretationen statt Tatsachen.

Tatsache ist, dass das, was wir als Tatsache verstehen, weit davon entfernt ist, real zu sein. Es mag unsere Wirklichkeit sein, doch die Wirklichkeit eines anderen mag vollkommen anders aussehen. Also können wir gar nicht davon ausgehen, dass uns überhaupt jemand versteht. Trotzdem denken wir verärgert, dass unsere E-Mail nur flüchtig gelesen wurde. Wir unterstellen es. Und ungenügend beantwortete E-Mails sind nur ein Teil des täglichen Ärgers.

Wo soll man da Freude aufbringen? All das alltägliche Durcheinander, es stimmt niemanden fröhlich. Es sind zwar meist nur Kleinigkeiten, die schiefgehen, aber diese Kleinigkeiten können einen auf die Palme bringen. Viele

Kleinigkeiten werden bekanntlich groß, wenn sie sich zusammentun. Wenn das Fass einmal überläuft, ist es zu spät. Deswegen sollten wir vorher die Notbremse ziehen. Abschalten. Ausschalten. Rückzug.

Und Einsicht. Auch ich lese nicht alle meine E-Mails so genau. Oft merke ich erst beim genaueren Hinsehen oder beim zweiten Mal lesen, was wirklich gemeint ist.

Was ist echte Freude?

Wenn uns etwas so richtig nervt, und damit meine ich Situationen, die uns Aggressionen entlocken, ist guter Rat teuer. Sagen lassen will man sich bekanntlich nichts. Das könnte einen nämlich noch zorniger machen. Dann lesen wir in einem Buch vielleicht den schlauen Rat: »Lebe Freude. Sei Freude. Freue dich an jedem Augenblick!« Ist das nicht noch nerviger als die vielen Pannen, die uns widerfahren?

Ich bin mir sicher, dass es möglich ist, an jedem Tag, ja in jedem Augenblick freudvoll zu sein. Ich bin mir sicher, weil ich es selbst so erfahre. Aber wie genau soll das gehen? Wie funktioniert das? Diese Frage habe ich mir nie gestellt, weil das eigene Zutun durch den persönlichen Willen keinesfalls die Antwort sein kann. Niemand kann Freude bestellen oder auf Befehl abrufen. Freude ist viel mehr als ein kurzer Moment, der sich gut anfühlt. Die Freude wohnt in allem und versteckt sich ebenso unter Pannen und hinter Missgeschicken. Auch hinter den Aggressionen lugt sie hervor. Sie ist die Basis aller Dinge, die erscheinen, und nur wer die Erscheinungen als real versteht, wird sich schwertun, dauerhaft freudvoll zu sein.

> Wir sollten realisieren, dass Freude nichts ist, das durch äußere Umstände erreicht werden kann, sondern dass sie eine Grundeigenschaft ist, die wir bereits ins Leben mitgebracht haben. Sie wurde uns in die Wiege gelegt. Sie ist das, was es überhaupt erst ermöglicht, etwas zum Vorschein zu bringen.

Die Freude, wie wir sie üblicherweise erleben, zeigt sich in häufigen Wechselwirkungen. Sie ist geknüpft an Umstände. Im Urlaub zum Beispiel gelingt es uns meistens sehr gut, fröhlich zu sein. Da uns davon aber nur ein paar Wochen zur Verfügung stehen und der Rest Nicht-Urlaub ist, wäre es ratsam, nach der echten Freude Ausschau zu halten. Mit einem Nachbarshund, der stundenlang bellt, oder einem Briefkasten voller Mahnungen scheint das kein Leichtes zu sein. Das ist es bestimmt nicht und das ist es für niemanden. Es geht allen Menschen so. Auch wenn unsere Leben völlig unterschiedlich verlaufen, so hat doch jeder neben unerwarteten Zwischenfällen und Schwierigkeiten täglich seine Aufgaben zu bewältigen. Die sind bei niemandem knapp bemessen und bei allen anderen genauso vielfältig und voller Einfallsreichtum wie bei Ihnen und bei mir. Und die Freude liegt dahinter? In uns selbst? Ja, das tut sie.

Alles nur Gedanken

Es gibt diesen berühmten Satz: Es ist immer nur jetzt. Bei meinen Seminaren habe ich dieses Thema sehr oft angesprochen, weil wir zwar alle wissen, dass es nur den Augenblick gibt, aber nicht danach leben. Erst als ich damit begonnen habe, mich wirklich in dieses Jetzt hineinfallen zu lassen, hat sich eine Leichtigkeit eingestellt, die mir bis dato unbekannt war.

Wenn immer nur jetzt ist, warum freuen wir uns dann schon am Montag aufs kommende Wochenende? Was wir unter Freude verstehen, betrifft eigenartigerweise immer nur Ereignisse, die in der Zukunft oder der Vergangenheit liegen. Mit der Traurigkeit, der Angst oder dem Kummer verhält es sich nicht anders. Die scheinen auch vorwiegend im Früher und im Später zu existieren. Die Angst wohnt in den Gedanken. Denken Sie einmal an eine Situation, in der Sie Angst hatten. Zum Beispiel beim Spazierengehen vor einem Hund, in der Schule vor einer schlechten Note oder in der Beziehung, dass der Partner sich für jemand anderes interessieren könnte. Der Gedanke, dass Sie der Hund beißen könnte, hat die Angst ausgelöst. Ebenso der Gedanke daran, welche Folgen die schlechte Note für Sie haben wird. Oder die »Abwege« des Partners. Vielleicht ist da so etwas wie: Wie stehe ich denn vor den anderen da, wenn er mich verlässt?

Es sind nur Gedanken. Es sind die Gedanken, die Angst erzeugen, und nicht die Situation. Die Situation selbst kann nie Angst erzeugen, weil sie einfach so ist, wie sie ist. Unsere Gedanken sind die Angst-Verursacher, die uns ganz schön begrenzen. Wir sind aber keine begrenzten Wesen, sondern das unbegrenzte Wesentliche selbst. Die Angst wohnt im Kopf, aber bestimmt nicht im Objekt oder in der Gegebenheit. Und deshalb ist immer Freude möglich. Deshalb sage ich: Das Leben ist schön.

Und ich würde die Zeit auch nicht mit Warten vergeuden. Anstatt auf eine passende Antwort per Mail oder auf welchem Weg auch immer zu warten, können wir uns anderen Aufgaben widmen. Warten ist insgesamt ein ungünstiges Verhalten. Die Zeit können wir sinnvoller nutzen. Wozu auf etwas warten, was jetzt nicht ist? Damit versäumen wir den Augenblick und sehen all die Kostbarkeiten nicht, die uns umgeben.

Es ist sinnvoll, das, was gerade getan worden ist, gleich wieder loszulassen. Danach widmet man sich einer neuen Herausforderung und überlässt das andere sich selbst.

Durch unruhiges Warten und nervöse Ungeduld geht es nicht schneller. Es ist nicht nur Zeitvergeudung, es ist insgesamt ein sehr unbewusstes Verhalten. Ich versuche, auch nichts mehr dazwischenzuschieben oder zwischen Tür und Angel zu erledigen. Alles kann immer nur jetzt geschehen. Wenn wir keinen Bezug mehr zu einem Davor oder Danach nehmen, kann auch das Dazwischen erlöst werden.

Zukunft ist jetzt

Es ist schon eigenartig. Wir planen eine Geburtstagsfeier oder eine Party, die wir am Sonntag bei uns steigen lassen wollen, und allein der Gedanke daran versetzt uns in eine äußerst gute Stimmung. Jetzt ist es aber erst Mittwoch. Vom Sonntag ist weit und breit nichts zu sehen. Wie kann es sein, dass die Freude jetzt schon da ist, wo wir das, was wir uns vorstellen, noch gar nicht erleben? Ist Freude Vorstellung? Ist Vorstellung Freude?

An diesem Beispiel erkennen wir zumindest schon einmal, dass Gedanken dafür verantwortlich sind, Freude zu entfachen. Somit ist es nicht die Sache selbst, die für ein freudvolles Empfinden verantwortlich ist. Wir sind allerdings leider meist keine guten Investoren. Wir investieren nicht in die Freude, sondern in Gedanken und Emotionen, die uns schmerzen. Und die nicht von Bestand sind. Sie unterliegen einem ständigen Wandel, sie kommen und gehen. Wer sein Hauptaugenmerk hingegen auf unvergängliche Werte und Beständigkeit legt, hat bessere Chancen, die Freude in sich wiederzuentdecken. Denn auch sie ist immer da.

Wenn wir die Aufmerksamkeit in ein wunderbares Vorhaben investieren, kann sich das schön anfühlen. Wir sind glücklich. Ist es allerdings der Zahnarzttermin, sieht das ganz anders aus. Es funktioniert also auch umgekehrt. Wir fühlen uns sehr wohl und plötzlich kommt uns in den Sinn, dass wir morgen diesen lästigen Arzttermin haben. Schon ist uns das wohlige Gefühl abhandengekommen. Wie wir das Blatt auch drehen und wenden, unser Empfinden scheint tatsächlich von Gedanken abhängig zu sein.

Unsere Gefühle gehen mit unseren Gedanken konform.

Es gibt aber auch Momente, da überfällt uns ein Gefühl und wir haben an gar nichts gedacht. Plötzlich sind wir traurig. Das wollen wir ändern, sofort schaltet sich der Verstand ein und verstärkt das Dilemma aber leider meist weiter. Die Gedanken, die er erzeugt, machen es noch schwieriger. Irgendetwas mag der Auslöser für unsere Traurigkeit gewesen sein, auch wenn wir es gar nicht bewusst bemerkt haben. Aber unsere Reaktion entscheidet über Hoch oder Tief.

Das Gesetz der Dualität

Gedanken und Gefühle sind wie eine Achterbahnfahrt – hoch hinauf und tief hinab im Sturzflug. Himmelhochjauchzend, zu Tode betrübt. Manchmal befinden wir uns für eine kurze Zeit zwischendrin. Sind wir oben, wollen wir dort bleiben und tun alles, um nicht wieder nach unten zu fallen. Sind wir unten, versuchen wir alles, um nach oben zu gelangen. Es ist uns nie recht, so wie es ist. Verständlicherweise wollen wir uns gut fühlen. Es gibt auch nichts daran auszusetzen, dass wir etwas dagegen tun wollen, wenn Wolken über unseren Gemütshimmel schweben.

Dennoch ist dieses Oben und Unten wie Links und Rechts oder Heiß und Kalt. Es sind solche Gegensätze, in denen wir leben und denen wir ausgesetzt sind. Es ist das Prinzip der Welt: die Dualität, die in allem vorhanden ist. Nicht nur in unserem Empfinden und unserer Sicht, sondern in allem, was die Welt ausmacht. Doch sehen wir uns eine Waage an. Die linke Schale und die rechte Schale unterscheiden sich in ihrer Eigenschaft nur, wenn wir etwas darauflegen. Wenn wir eine Seite befüllen, wird sich die andere Seite nach oben bewegen. Eigentlich ist es völlig gleichgültig, welche Schale oben oder unten ist, wenn wir die Aufmerksamkeit auf die Mitte richten. Zentrierung geschieht in der Mitte und nicht links oder rechts. Von dort aus ist auch deutlich, dass die rechte Seite nicht besser ist als die linke, so wie sich Gut und Schlecht nicht wirklich voneinander unterscheiden. Warum? Weil ein solches Urteil von unserem Empfinden abhängig ist.

Auch wenn wir zeitweise im Gut oder Schlecht festgefahren sind, so sollten wir zumindest wissen, dass unsere Gefühle überhaupt nichts mit der Sache selbst zu tun haben. Das, was wir unsere Gefühle nennen, sind Energiefelder, die sich bewegen. Sie kommen und gehen, so wie es auch die Gedanken tun. Gehören tut uns nichts. Uns haftet nichts an. Wir haften daran, weil wir es einfangen und als unser Eigentum betrachten. Unsere Sicht ist vernebelt. Es ist unsere Ich-Identifikation, die uns zu dem macht, was wir zu sein glauben.

Es mag manch einen entrüsten, wenn ich sage, dass alles gleichwertig ist und sich grundsätzlich nichts voneinander unterscheidet. Doch ich sage es noch einmal: Fakt ist, dass Gut und Schlecht keine gegebenen Eigenschaften, sondern eine Frage der jeweiligen Sicht sind. Die Perspektive entscheidet über Gut und Schlecht. Diese Wertung hat aus sich heraus keinen Bestand.

Objektiv und unbefangen sein

Ich kann die Dinge so oder so sehen. Ich kann Stellung beziehen oder es neutral betrachten. Ich kann für einen Politiker oder Mitarbeiter sein oder gegen sie. Ich kann mich aber auch der Stimme enthalten, mich in der Sowohl-als-auch-Position niederlassen und mich dort entspannt einmitten. Der Vorteil wäre, dass ich nichts und niemanden bewerten und die Dinge einfach so sein lassen würde. So, wie sie sind.

> Wenn ich nicht gegensteuere, fließe ich mit dem Leben. Ein Leben ohne Widerstände muss unweigerlich in Freude münden.

Den Dingen neutral zu begegnen, bedeutet nicht automatisch, alles gutzuheißen und mit allem einverstanden zu sein. Aber sich elegant der Stimme zu enthalten und ab und an den Mund zuzulassen, hat noch niemandem geschadet. Mehr noch: Es bringt uns Gelassenheit und die Freude, die sonst unter unseren Urteilen verborgen bliebe.

Ganz gleich, welches Urteil wir fällen oder welche Meinung wir uns über jemanden zurechtlegen, im Endeffekt schaden wir immer nur uns selbst.

Alles zu kommentieren und überall seinen Senf dazuzugeben, ist nicht nur anstrengend, es macht uns auch irgendwie hässlich. Das ist zwar nicht direkt sichtbar, aber ein liebloses Herz, das zu viel denkt und urteilt, wird oft sehr unattraktiv. Mit einer gelassenen Haltung der Neutralität müssen wir nicht jeden aufkommenden Gedanken endlos weiterdenken. Jede Kritik ist wie ein Same, den wir in unseren Seelengrund legen. Eines Tages wird ein Pflänzchen daraus wachsen. Und seine bitteren Früchte beeinträchtigen vor allem uns selbst. Wir sind es, die sie essen müssen.

Böses Schicksal?

Haben Sie schon einmal einen faulen Apfel gegessen? Vielleicht aus Versehen, aber ganz bestimmt nicht mit Absicht. Faule Früchte im übertragenen Sinne gibt es zur Genüge. Wir haben in der Vergangenheit viele davon in uns angesammelt. Sie liegen tief in uns eingelagert, neben ein paar süßen Früchten. Wann wir welche Frucht essen müssen, wissen wir nicht. Plötzlich geschieht etwas. Wir werden krank. Jemand fährt mit seinem Auto schnurstracks in unseres hinein. Jemand verbreitet Lügengeschichten über uns oder ein heftiges Unwetter verhindert einen lange geplanten Ausflug. Abermillionen Dinge können passieren und dann geben wir dem Schicksal die Schuld. Vielleicht suchen wir auch einen Schuldigen unter den Menschen oder sind immer stärker davon überzeugt, dass es das Leben nicht gut mit uns meint. Es liegt aber nicht am Leben und auch nicht am Schicksal, es liegt an den bitteren Früchten und faulen Äpfeln in uns selbst.

Ein Gesetz des Lebens ist der Ausgleich. Wer Salat pflanzt, wird keine Tomaten ernten, und wer Sonnenblumensamen in die Erde legt, kann keinen Kürbis erwarten. Und wer Äpfel mit faulen Stellen einlagert, muss damit rechnen, dass sie ganz verderben. Es geht nicht um Schuld. Die Schuldfrage ist völlig überflüssig und sehr naiv. Es gibt einfach Ursachen und Wirkungen. So etwas wie Schuld gibt es nur in unserem Denken, nirgendwo sonst ist sie existent. In religiösen Institutionen aber nutzt man sie, um Menschen zu beeinflussen. Mit Gott hat das nichts zu tun und auch nicht mit Freude. Als wir als Schulkinder die Kirche besuchten, mussten wir Buße tun und beichten. Ich habe dem Pfarrer viel erzählt, aber nie das, was mich wirklich bedrückte. Vielleicht weil ich den Schwindel durchschaute. Wie soll ein Mensch uns Sünden abnehmen? Ich glaube, dass niemand dazu fähig ist, aber nicht, weil ich an den Menschen zweifle, sondern weil es keinen Schuldigen gibt. Was es gibt, das sind Ursachen und Wirkungen, die als Aspekte der geistigen Gesetze das Leben prägen.

Ursache und Wirkung gehen weit über das Persönliche hinaus. Sie bewegen sich in genau den Feldern, in denen wir uns bewegen. Es geht auch nicht um diese Binsenweisheit, dass ein jeder sein Leben selbst verursacht. Tiefer betrachtet ist es so, dass uns das, was uns widerfährt, auch entsprechen muss. Nur wurde die Frage des Verursachens nie richtig geklärt. Wer ist der Verursacher? Und was haben wir mit ihm zu tun?

Wer wir sind und wer nicht

Um das zu beantworten, müssen wir zuerst herausfinden, wer wir sind. Wir halten uns für diese Person, die in genau diesem Moment dieses Buch liest. Wir nutzen diesen Körper, um einer Tätigkeit nachzugehen, aber in Wirklichkeit sind wir weit mehr als das. Wir sind der Meinung, ein Buch zu lesen. Und aus der persönlichen Sicht ist es tatsächlich so. Aber man könnte auch sagen, dass etwas liest. Etwas lässt uns lesen. Irgendetwas muss ja da sein, damit die Augen funktionieren, damit wir funktionieren. Das Auge selbst kann nicht lesen, das Auge selbst kann nicht sehen. Etwas sieht durch das Auge. Das Auge ist Mittel zum Zweck. So wie der Herd ohne Strom keine Hitze zu erzeugen vermag, so ist auch das Auge an sich hohle Materie.

> Wie soll der Mensch aus sich selbst heraus funktionieren und Bewegungen vollbringen?

Dass die Herdplatte nicht von selbst warm wird, hat noch niemanden verwundert. Doch wie soll ein Auge aus eigenen Kräften heraus sehen können? Wir sollten das, was wir als gegeben erachten, hinterfragen. Wir setzen Dinge voraus, die nicht so sind, wie wir glauben. Auch wir brauchen eine Energiequelle, damit wir uns ärgern oder freuen können.

Es ist, wie es ist

Viele Unannehmlichkeiten begleiten uns Tag für Tag. Doch sind es wirklich welche? Es geschehen Dinge, die uns nicht passen. Irgendetwas funktioniert nicht. Das bedeutet, dass wir uns das Ergebnis anders vorgestellt haben. Vielleicht ist es besser, auch hier loszulassen – und zwar die Vorstellungen. Überlassen wir es dem Leben, wie ein Ergebnis sein wird. Tun wir alles, um bei all unseren Handlungen unser Bestes zu geben, und vertrauen wir darauf, dass jedes Ergebnis das Beste für uns ist.

Was wissen wir schon, was gut für uns ist?

Die Lektionen des Lebens können wir nicht immer verstehen, aber wir können sie in all ihren Einzelheiten respektieren. Wir erwarten gern, dass alles reibungslos funktioniert. Aber warum eigentlich? Es ist der Lauf der Dinge, dass ständig etwas schiefläuft und eben nicht wie im Bilderbuch klappt. Wir setzen voraus, dass es so oder so sein muss, und ärgern uns, wenn es anders kommt. Am besten aber setzen wir nichts voraus und lassen alle Vorstellungen los. Wenn etwas »nicht funktioniert«, ist es lediglich nicht so, wie wir es wollen. Die Dinge müssen uns nicht in den Kram passen, sie müssen überhaupt nicht passen. Sie sind, wie sie sind, und wir sollten das akzeptieren. Das erspart uns jede Menge unguter Emotionen und jede Menge fauler Äpfel.

Ihre Einsichten und Vorsätze

Schreiben Sie sich hierzu gern einige Einsichten und künftige Vorsätze auf:

Wo die Freude wohnt

Die Freude, die eigentlich jedem Moment innewohnt, ist nicht immer offensichtlich. Sie ist ein ursprünglicher Zustand und kein rosaroter Gefühlsausbruch. Sie verbirgt sich weit unter dem Sichtbaren. Sie wohnt dort, wo unsere Sinneswahrnehmungen nicht hingelangen. Sinne bewegen sich im Feld des Bewusstseins. Sie sind nicht in der Lage, darüber hinauszugehen, so wie es auch dem Verstand unmöglich ist. Freude wohnt in der Mitte. In dem Moment, in dem wir uns aus dieser Mitte hinausbewegen, bewegen wir uns in den Bereich von Ursache und Wirkung hinein. Ob wir nun die Position der schöneren oder weniger schöneren Seite einnehmen, der guten oder der schlechten, sei dahingestellt. Beide Seiten haben so ihre Macken. Keine Seite ist besser als die andere, sie sind nur unterschiedlich. Warum also nicht das Anderssein der Welt, der Menschen und all dessen, was uns umgibt, annehmen?

»Eigentlich will ich ja nicht damit einverstanden sein, aber ich akzeptiere es, weil ich es ja ohnehin nicht ändern kann«, ist keine gute Einstellung. Es geht nicht um Akzeptanz, sondern um eine Form des Sein-Lassens, *nachdem* wir es losgelassen haben. Es ist ein neutraler Bereich, in dem wir die Position des Beobachters einnehmen. Wir lassen die Dinge geschehen. Sie geschehen ohnehin, wie sie geschehen, und brauchen unser Einverständnis nicht. Nur wenn wir sie annehmen und genauso, wie sie sind, als absolut okay empfinden, können sich nach und nach Ruhe und Gelassenheit ausbreiten. Unsere ureigene, ursprüngliche Freude bricht durch.

Es ist eine Art Gesinnung, eine Grundeinstellung, die besagt, dass alles seine Richtigkeit hat. Das hat nichts mit Hinnehmen zu tun. Es ist das Verständnis, dass das Leben seine eigene Richtung verfolgt, die immer im Einklang mit einer höheren Macht ist. Das Leben selbst ist diese Macht. Es ist das, was Sie tief in sich drinnen sind.

Was bewegt das Gelesene in Ihnen?

Eine Anregung: Lesen Sie die letzten Absätze noch einmal. Schließen Sie dann die Augen und beobachten Sie, welche Emotionen und Gedanken in Ihnen aufsteigen. Schreiben Sie auf, was Sie bewegt. Es müssen nicht nur gute Gedanken und Gefühle sein, alles hat seinen Platz.

Halten Sie auch fest, welche Widerstände oder Zweifel die ersten Kapitel in Ihnen freigelegt haben. Wir wissen viel und Sie wussten sicher auch bereits viel von dem, was Sie bis jetzt hier gelesen haben. Doch Wissen nützt uns nicht viel, wenn wir es nicht intuitiv erfasst haben. Wir wissen, wie wir uns verhalten sollten, was wir tun und was wir lassen sollten, nur handeln wir oft nicht danach. Es geht also darum, das Wissen auch zu praktizieren.

Was wollen Sie künftig besser machen?

Halten Sie in kurzen Stichworten fest, woran Sie im Hinblick auf das bis hierhin Gelesene »arbeiten« könnten, was Sie anders machen wollen und wo Handlungsbedarf besteht:

Den Kopf voller Welt

Ein herrlicher Tag. Die Sonne scheint, die Vögel zwitschern und in uns ist es still. Eine unerklärbare Freude hat sich ausgebreitet und wir fühlen uns glücklich. Was für ein Moment! Solche Augenblicke hat das Leben nicht im Übermaß anzubieten. Oder doch? Ist es öfters so wie jetzt? Vielleicht ist es immer so und wir erkennen es nur nicht.

Was muss geschehen, damit wir uns gut fühlen? Meistens machen wir angenehme Ereignisse oder Erfolgserlebnisse dafür verantwortlich. Aber es gibt auch Ausnahmen. Frühmorgens nach dem Aufwachen überfällt uns manchmal dieses Wohlgefühl. Einfach so. Wo kommt es her? Wie entsteht es? Wenn wir das wüssten, würden wir uns wohl öfters in dieses Empfinden hineinfallen lassen.

Es ist offensichtlich, dass wir uns harmonische Augenblicke nicht aussuchen und sie auch nicht einplanen können. Vielleicht ist das Leben selbst einfach nicht planbar. Wie sieht es mit den Gedanken aus? Wo kommen sie her? Und wie gehen wir mit ihnen um? Wollen wir sie haben? Viele Fragen, die sich nicht so leicht beantworten lassen. Wir denken kaum über solche Dinge nach und tun wir es doch, stoßen wir recht schnell an unsere Grenzen. Fakt ist, dass der Verstand keine Antwort darauf finden kann. Wie soll er auch, wo er doch ein Gefangener seiner selbst ist. Er kann nur innerhalb seines Reiches, des Reiches der Gedanken agieren. Darüber hinausgelangen kann er nicht. Das Denken zieht seine Bahnen in einem vorgezeichneten Feld. Es ist wie bei den Flocken in einer Schneekugel, die sich nur innerhalb ihres Raumes tummeln können.

Was ist real?

Es ist immer noch Morgen und wir fühlen uns immer noch unglaublich wohl. Pfeifend verlassen wir die Wohnung und begeben uns an unseren Arbeitsplatz. Schnell kann dort die gute Laune wieder verfliegen, wenn wir einer Konfrontation ausgesetzt werden. Und das werden wir eigentlich immer. Wir wissen nie, was im nächsten Moment über uns hereinbricht oder womit wir uns auseinandersetzen müssen. Der schlechten Laune von anderen sowie ihren Kommentaren und Geschichten begegnen wir auf Schritt und Tritt. Denn jeder trägt seine eigene Welt in seinem Kopf spazieren. Das bedeutet auch, dass er ständig über sein Weltbild spricht, weil er auf nichts anderes zurückgreifen kann. Und da es jedem so geht, erleben wir ständig diesen Austausch von Gedankengut, das wir uns zurechtgelegt haben.

Eigentlich aber sind es nichts als Hirngespinste: Ich denke über ein Restaurant nach, in dem ich kürzlich gegessen habe. Nun erzähle ich jemandem davon. Ich erzähle, was ich erlebt habe, und der andere lässt in seinem Kopf dazu seine eigenen Bilder entstehen. Doch glauben wir beide, dass wir uns über dieses Restaurant unterhalten. Aber der

Gesprächsinhalt begrenzt sich auf Erinnerungen, auf ein Bild, das wir uns – jeder in seinem Kopf – gemacht haben. So gibt ein jeder seine Kommentare von sich und spricht aus, was er über das Restaurant denkt. Vielleicht kommt man zu dem Schluss, dass das Restaurant gut oder schlecht ist, welche Vorteile und Nachteile es hat. Doch ein Restaurant hat keine Vorteile oder Nachteile, es ist ein Restaurant. Vorteile und Nachteile sind unsere Interpretationen, die wir uns aufgrund von Empfindungen und Erfahrungen zurechtgelegt haben.

Wir reden in Wirklichkeit nie über etwas Definitives, wie zum Beispiel ein Objekt, sondern nur über Hirngespinste.

Haben Sie darüber schon einmal nachgedacht? Ist Ihnen das bewusst? Besonders in der Ehe habe ich gelernt, dass der Nachteil, den ich zu haben glaube, von mir abhängig ist. Es hat einige Jahre gedauert, bis ich das begriffen habe. Doch wenn meiner Frau ein Essen nicht so gelungen ist, wie ich es von ihr kannte, war es nicht zu meinem Nachteil, es war einfach nur anders, als ich es mir vorgestellt habe. Also habe ich gelernt, keine Erwartungen zu hegen.

Wenn Sie einmal über Momente von Ärger oder Enttäuschung bei sich selbst oder anderen nachdenken, wird Ihnen vielleicht bewusst, wie blind wir Menschen in unseren Gedankenwelten umherirren und glauben, Bescheid zu wissen. Eigentlich aber wissen wir gar nichts. Alles, was wir zu wissen meinen, sind nämlich nur Vermutungen. Vieles haben wir uns angelernt, anderes haben wir erfahren. Doch es ist immer nur unsere individuelle Sicht, die nichts mit der Sache selbst zu tun haben muss.

Die allerdings hauen wir uns eifrig gegenseitig um die Ohren. Vielleicht empfindet eine Arbeitskollegin den Chef als völlig inkompetent und ungerecht. Sie macht ihrem Ärger Luft und erzählt Ihnen stundenlang, was ihr alles gegen den Strich geht. Ob Sie es hören wollen oder nicht, Sie werden nicht gefragt. Doch sind Sie selbst frei von so einem Verhalten? Wenn Sie etwas beschäftigt, sprechen Sie vielleicht auch einfach drauflos und kommen gar nicht auf die Idee, dass es die anderen nicht interessieren könnte. Sie wollen etwas loswerden. Gleich jetzt und hier. Und dann ist der schöne Morgen, den Sie vor wenigen Stunden noch erlebten, passé.

Real? Oder nur eine fixe Idee?

Überlegen Sie einmal, wo sich bei Ihnen Überzeugungen eingelagert haben, die gar nicht stimmen müssen. Wollen Sie zulassen, dass sich diese starr gewordenen Gedankengebäude auflösen? Betrachten Sie dazu einfach Ihr Verhalten und Ihren Standpunkt in unterschiedlichen Situationen und gleichen Sie das, was in Ihnen ist, mit der äußeren Realität ab. Vielleicht möchten Sie sich dazu ein paar Notizen machen.

Gefiltertes filtern

Stellen Sie sich vor, Sie sitzen am Esstisch und Ihr Partner oder ein Familienmitglied liest Zeitung. Nun werden Sie im Dreiminutentakt vehement damit konfrontiert, was andere irgendwo in der Welt gemacht oder gesagt haben. Jemand hat seine Gedanken über etwas in die Zeitung geschrieben, Ihr Partner liest es und macht sich seine eigenen Gedanken dazu, die er wiederum Ihnen präsentiert.

Nehmen wir an, es geht um eine Veranstaltung, die im Ort stattgefunden hat. Ist Ihr Partner empört, interessiert oder erfreut, so ist es wahrscheinlich, dass er Ihnen den Artikel vorlesen wird. Wenn Sie sich den Artikel geduldig angehört haben, werden Sie als Draufgabe auch noch mit den Gedanken Ihres Partners konfrontiert. Die beziehen sich aber nicht auf die Veranstaltung, über die da geschrieben wurde, sondern auf die Gedanken, die sich der

Journalist über die Veranstaltung gemacht hat. Das, was sich dort zugetragen hat, ist die eine Sache. Und was geschrieben wurde, ist das, was dieser eine Mensch davon wahrgenommen hat. Das aber erklären wir zur Realität und verbuchen es in unserem Kopf als: So ist das gewesen. Jetzt wissen wir, was sich bei dieser Veranstaltung zugetragen hat. Ist das nicht seltsam?

Die Chancen stehen gut, dass wir immer nur Vermutungen, Interpretationen und Spekulationen hören und lesen. Eine Sache, ein Objekt oder ein Mensch ist gewissermaßen so lange eigenschaftslos, bis jemand kommt und ihm Qualitäten zuweist. Wenn aber alle Informationen und Gespräche auf Annahmen beruhen und die Sache selbst davon unberührt bleibt, wie gehaltvoll können sie dann sein? Und dennoch dämpfen sie unsere Freude.

Warum lässt sich Freude so schnell verscheuchen? Weil wir auf alles reagieren, was in unserem Umfeld passiert. Und dann fühlen wir uns ausgeliefert.

Macht es Sinn, sich sein ganzes Leben lang über Interpretationen anderer zu unterhalten und dabei die eigenen ins Unendliche auszubauen? Schauen wir uns das einmal genauer an. Nehmen wir an, Ihr Arbeitskollege ist absolut empört über das Verhalten eines Politikers. Nachdem er Ihnen seinen Ärger kundgetan hat und ihn mit seinen Vermutungen und Aggressionen aufgebauscht hat, könnte es gut sein, dass seine Worte die morgendliche Freude mit einem Rutsch ausradiert haben. Der Kollege macht das natürlich nicht bewusst und eigentlich müssten Sie sich ja nicht beeinflussen lassen, aber das ist leichter gesagt als getan. Wir sind sehr empfängliche und verletzliche Wesen. Ganz gleich, ob bewusst oder unbewusst, alles, was um uns herum geschieht, nehmen wir auf. Es wäre natürlich gut, nicht alles in sich aufzunehmen, nur kann man das nicht einfach so beschließen. Jemand textet uns zu – und weg ist die Freude, die wir kurz zuvor noch empfunden haben. Es sind nichts als Interpretationen aus dem Kopf eines Kollegen, was uns da entgegenkommt, und doch verdirbt es uns den Tag. Müssen wir nun wieder darauf warten, bis sich die Freude entscheidet, uns erneut besuchen zu kommen?

Unser Beitrag zu diesem freudlosen Spiel

Dem Umfeld ausgeliefert zu sein, macht keine Freude. Doch stimmt es überhaupt, dass wir hierbei keine Wahl haben? Gibt es einen Ausweg aus dieser Abhängigkeit vom Außen? Ja, den gibt es: das Haus nicht mehr verlassen, nicht mehr arbeiten gehen und jeden Kontakt meiden.

Nein, natürlich nicht. Die Kunst liegt darin, dass wir lernen, mitten unter Menschen gelassen zu bleiben und uns nicht von äußeren Einflüssen beeindrucken zu lassen. Das ist möglich. Jedoch müssen wir zum kontinuierlichen Wiederholungstäter werden, um dieses Vorhaben mit Erfolg umzusetzen. Das bedeutet, dass wir immer genau hinschauen müssen: Was belastet uns? Worauf reagieren wir? Warum reagieren wir immer auf dasselbe? Wir müssen uns selbst und unsere Reaktionen genauestens beobachten.

Fakt ist: Der andere kann uns die Freude nicht wegnehmen, auch wenn er der Auslöser dafür sein mag, dass wir sie verlieren. Das ist kein Grund, ihn dafür verantwortlich zu machen. Wir haben es nämlich zugelassen, indem wir seine Energie in uns aufgenommen haben. Das bedeutet, dass wir nicht bei uns waren. Vielleicht weil wir uns eigentlich nicht gern mit uns auseinandersetzen und uns selbst lieber meiden. Wir schauen vor allem nicht gern auf unsere Schwächen, sondern bevorzugen die Stärken. Das Ego will »gut« sein und setzt alles daran, mit seinen besten Seiten zu prahlen. Doch das führt in so manche Sackgasse. Vor allem lernen wir uns dann nicht vollständig kennen (und schätzen) und lassen uns daher zu leicht von anderen herunterziehen.

Wir müssen das Ganze nicht theatralisieren, wir alle haben unsere Prägungen und Verhaltensweisen, die uns so oder so empfinden und handeln lassen. Die aber können wir wirksam beeinflussen, wenn wir kontinuierlich an uns arbeiten. Das bedeutet vor allem, dass wir lernen, achtsam zu sein: uns selbst beobachten und auch die anderen aus einem frischen Blickwinkel wahrnehmen. Nicht mit dem Verstand, sondern jenseits von Einordnen und Bewerten, so neutral wie nur irgend möglich. Offen, neugierig, unter dem Motto: »Es ist, wie es ist.«

Jedes »Ich will es so haben und nicht anderes« können wir aus unserem System streichen. Lassen wir uns

vom Leben lenken und hören wir damit auf, ständig alles anders haben zu wollen, als es aber nun mal ist.

Lebensreise

Unsere Meinungen grenzen uns in unserem Freisein ein. Sie machen jede Situation und jedes Gegenüber zu dem, was wir ihnen überstülpen. Doch so sind sie in Wirklichkeit nicht. Verschonen wir uns selbst und auch die anderen deshalb mit einem Zuviel an Überlegungen. Es ist eine unglaublich edle Lebenshaltung, wenn wir das Verhalten von Menschen so wie jegliche Situation als gegeben erachten. Wenn wir einen Film anschauen, denken wir auch nicht darüber nach, wie wir die Handlung oder die Menschen, die darin vorkommen, ändern könnten. Warum? Weil wir wissen, dass es ein Film ist.

Würden wir unser Leben als eine Art Film betrachten, wäre es um einiges leichter. Wir würden uns nicht mehr einmischen und ständig versuchen, alles zu manipulieren und in eine uns genehme Richtung zu zwängen. Wir müssten nicht ständig einem Ziel nachlaufen, weil das Ende des Films ja bereits feststeht.

Ja, unser Leben folgt einem gewissen Ablauf, doch einen fixen Fahrplan gibt es nicht. Es ist wie bei einem Zug. Wir können nicht aussteigen, wenn es uns gerade in den Sinn kommt, und wir können auch nicht die Strecke bestimmen. Aber unsere Gedanken und unser Verhalten wirken sich auf den Verlauf unserer Reise aus. Wir können umsteigen. Wir können wählen. Und plötzlich gibt es vielleicht sogar dort eine Haltestelle, wo vorher keine war. Es liegt an unserer Ausrichtung, an unserer Gesinnung, an unserer Haltung, wie sich das Leben zeigt. Natürlich führt uns die Reise auch an Orte, wo es nicht immer ganz einfach ist. Gerade dann ist es wichtig, von innen heraus zu agieren, anstatt mit reiner Willenskraft zu reagieren. Immer wenn wir uns einmischen, verfälschen wir das Spiel.

Nehmen wir uns also so an, wie wir sind, und entwickeln wir uns weiter. Auch Emotionen gehören zu der Person, die wir sind, zu unserem Ich. Doch sie gehören nicht zu dem, was wir tief in uns sind. Gedanken und Emotionen sind wie Materialien, die die Menschenhülle ein Leben lang befüllen und zuweilen durcheinanderbringen. Doch die Hülle ist nur unsere Ausdrucksform, nicht unser eigentliches Wesen. Und ebenso wenig sind die Gedanken und Emotionen das, was wir wirklich sind.

In Ruhe aus dem Zugfenster schauen

Was passiert, wenn Sie Ihr Leben wir einen Film betrachten? Wenn Sie sich zurücklehnen und gelassen aus dem Zugfenster schauen? Der Zug rollt, da können Sie momentan nichts machen. Also genießen Sie die Fahrt.

Machen Sie sich gern wieder ein paar Notizen.

Freude, wo bist du?

Früher habe ich mich oft gefragt, wie Emotionen so rasch wechseln können. Ich hatte in meiner Praxis viele unterschiedliche Menschen zur Beratung und war deshalb auch deren Stimmungsschwankungen ausgesetzt. Das habe ich zumindest geglaubt. Als ich diese Überzeugung losgelassen habe, haben Trauer und Unmut der Klienten nicht mehr auf mich abgefärbt. Es entstand eine gewisse Distanz, die nicht nur mir guttat, sondern die sich auch heilsam auf meine Klienten auswirkte.

Aber wie verschwindet eigentlich Freude? Wenn wir schon nicht wissen, wie Freude entsteht, drehe ich den Spieß einfach mal um und frage, wie sie verschwindet. Wir werden krank, der Computer wird von einem Virus befallen, wir haben finanzielle Probleme oder ärgern uns über irgendetwas. Es gibt vieles, was uns aus dem Gleichgewicht bringen kann. Die meisten Menschen sind nicht sehr stabil und befinden sich nur selten in ihrer Mitte. Sie sind immer irgendwo, links oder rechts, hinten oder vorn, doch selten dort, wo sie sein sollten: zentriert.

Der zeitlose Moment, das ist unser eigentliches Zuhause. Doch dieses Zuhause bewohnen wir nur selten.

Wir verlassen es ständig, sobald wir dem Gedankenstrom folgen und uns in Ablenkungen verlieren.

Alltagsscherereien sind eigentlich nicht lästig, sondern völlig normal. Jeder Mensch ist davon betroffen und das ohne Ausnahme. Interessant und spannend ist, dass wir uns tagtäglich über etwas ärgern, was wir ohnehin nicht ändern können. Dann richten wir die ganze Aufmerksamkeit auf eine ärgerliche Sache, die meist eine Lappalie ist. Dadurch aber mutiert sie zu einer Riesenbelastung und wir entfernen uns noch mehr von uns selbst. Das ist uns in diesem Moment nicht wirklich bewusst, da der Ärger eine emotionale Belastung ist, die sich auf unsere Psyche auswirkt. Der Druck saugt uns in eine Negativspirale, die uns unweigerlich nach unten zieht oder aus der Mitte herauskatapultiert, sofern wir uns gerade in ihr befanden. Wir suchen krampfhaft im Außen nach Lösungen und stellen uns immer dieselben Fragen.

Eine davon lautet: »Warum passiert mir das schon wieder?« Auch Fragen wie »Muss das sein?« kennen wir zur Genüge. Die Antwort lautet: »Ja, es muss sein! Sonst wäre es ja nicht so.« Hätten wir es vermeiden können? Können wir es ändern? Nein. Warum also können wir uns nicht einfach mit dieser Gegebenheit arrangieren und das Beste daraus machen?

So wie es in diesem Moment ist, ist es. Das steht fest. Also sehen wir die guten Dinge. Sehen wir das, was funktioniert. Sehen wir das, was gerade läuft, anstatt unsere ganze Energie mit dem, was nicht läuft, zu vergeuden.

Jeden Tag dasselbe Spiel. Wenn wir uns an jeder Kleinigkeit aufreiben, summiert sich das. Die Folgen sind Unruhe, Rastlosigkeit, Druck, Widerstände, Ablehnung und schlechte Laune. Die mündet dann in Gereiztheit und Aggressivität. Schnell ziehen wir die anderen mit hinein in den Abwärtsstrudel und schaden am Ende uns selbst noch mehr.

Eine gute Frage

Was ist eigentlich so schwierig daran, die Umstände so anzunehmen, wie sie sind? Die Antwort ist simpel: Das Ego steuert dagegen. Der Verstand beginnt ein lautes Donnerwetter und will sich nichts gefallen lassen. Er ist der Verbündete des Ichs und beide wollen das Zepter in der Hand halten. Dass das Leben seine eigene Richtung verfolgt, scheint sie nicht zu interessieren.

Dennoch ist es so, dass der Verstand nur Werkzeug des Ichs ist und das Ich nichts weiter als ein Gedankenkonstrukt. Es ist dieser Ich-bin-dies-und-das-Gedanke, den wir irgendwann nach der Geburt übernommen und immer weiter ausgeprägt haben. Diese Ich-Bezogenheit weigert sich, sich zu fügen, sich etwas sagen zu lassen, der Realität zu folgen. Das Ich denkt, es würde andernfalls untertänig sein müssen. Dabei geht es um nichts als die Offenheit, den Lebensweg zuzulassen.

Dem Leben zu dienen, dazu sind wir hier. Das hat nichts mit Knechtschaft zu tun. Uns wurde dieses Leben geschenkt, das wir als unseres erachten. Es gehört uns aber nicht. Das, was durch uns wirkt, ist unser Ursprung. Somit sind wir dazu aufgerufen, ihm etwas zurückzugeben.

> Es geht nicht darum, das Beste aus dem Leben für sich herauszuholen, sondern darum, das Beste hineinzugeben.

Wie kann ich anderen Menschen Freude schenken? Was kann ich anderen Menschen Gutes tun? Das sind die Fragen, die unserer Natur entsprechen. Was wir tun können, um glücklich zu sein, ist nicht die Frage, um die sich unser ganzes Leben drehen sollte. Mehr geben statt immer nur zu nehmen und beides ausgewogen zu praktizieren, das ist ein guter Baustein für Freude.

Ich erinnere mich noch genau, wie ich einer Frau ganz ohne Grund einen Edelstein schenkte. Ich hatte ihn über lange Zeit immer in der Hosentasche getragen und dabei kaum noch bemerkt, weil er mich über eine ganze Lebensetappe begleitet hatte. Das Gesicht der Frau sehe ich noch heute vor mir, und als ich sie vor zwei Jahren wiedertraf, sagte sie zu mir, dass ich sie mit diesem Geschenk zu einem glücklichen Menschen gemacht habe. Sie erzählte mir, dass sie den Stein noch heute auf ihrem Nachttisch liegen habe und ihn gegen kein Geld der Welt eintauschen würde. Die Freude, die ich ihr damals gemacht hatte, kam nun wieder zu mir zurück, so wie alles zu uns zurückkehrt, was wir aussenden, tun und geben.

Der Moment ist, wie er ist

Dieser Moment ist gut so, wie er ist, ganz gleich, ob wir damit einverstanden sind oder nicht. Alles hat seinen Sinn, auch wenn wir ihn nicht sehen können. Wir müssen ihn nicht kennen, es reicht vollkommen aus, wenn wir jeden Augenblick absolut präsent sind und alles annehmen, ohne es festzuhalten oder uns davon emotional beeinflussen zu lassen. Das hört sich leicht an, ist es aber nicht. Zumindest nicht für das Ich, das seine Herrschaft auf Biegen und Brechen verteidigt.

Wir möchten, dass das Leben so ist, wie wir es uns vorstellen. Nicht »Dein Wille geschehe«, sondern »Mein Wille geschehe« ist unser Leitsatz. Unser Wille, den wir »freien Willen« nennen, kann ohne den höchsten Willen aber nichts ausrichten. Wir glauben zwar, unsere eigenen Entscheidungen zu treffen, aber grundsätzlich steht die Entscheidung bereits fest, während wir sie treffen. Wir können ja nicht anders handeln, als es uns möglich ist.

Ein guter Vergleich ist der Zug, den ich bereits erwähnt habe. Er folgt den Schienen. Er biegt rechts ab, wenn die Schiene nach rechts führt. Wenn er lieber nach links abbiegen würde, hilft ihm das herzlich wenig. Er kann es zwar wollen, aber er wird nach rechts fahren. Egal ob er kämpft und schimpft und klagt.

Was wäre die andere Option? Er könnte sich der Richtung ohne Widerstand fügen. Und das kann der Mensch ebenso. Ist es so schlimm, sich dem Leben zu beugen? Was ist besser? Links oder rechts? Ist es nicht am Ende gleich? Ist es nicht von gleicher Wertigkeit, was uns im Leben widerfährt? Natürlich hat niemand gern Probleme oder leidet mit Freude. Das versteht sich von selbst. Doch die Aufgaben, die in unserem Leben sind, die sind nun einmal da. Mit oder ohne unser Einverständnis und unser Wollen.

»Mein Wille geschehe«

Jeder Mensch hat seine Vorstellungen. Ich glaube, dass er in allen Bereichen etwas ändern oder verbessern würde, wenn es denn in seiner Macht läge. Wir sind uns nicht bewusst, dass wir jeden Augenblick, in dem wir etwas anders haben wollen, als es ist, eine völlige Ablehnungshaltung einnehmen. Dieses »Dagegensteuern« ist ein Verhalten, das uns von unserem eigentlichen So-Sein entfremdet. Dieser Widerstand gegen das, wie es jetzt ist, macht uns unglücklich, freudlos und krank. Nie sind wir mit etwas einverstanden, immer könnte es anders sein. Und besser.

Wann passt es uns eigentlich mal? Selbst wenn etwas Wunderbares passiert, hält die Freude nicht lange an, weil wir dann schon auf das nächste wunderbare Ziel schielen. Ach, was ist es heute heiß! Warum geht das Telefon nicht? Warum attackiert mich ständig eine Fliege? Weshalb tut mir mein Knie so weh? Warum muss ich schon wieder aufräumen, wozu hat man Kinder, wenn sie einem nicht helfen? Warum ist es schon wieder so spät? Und so weiter.

Wie oft beklagen wir ein Leid, das es ohne unseren Widerstand gegen das, was ist, gar nicht geben würde?

Ich erinnere mich an ein Video, das ich vor langer Zeit einmal gesehen habe. Es handelte von Ramesh Balsekar, einem indischen Weisen. Er unterhielt sich mit mehreren Menschen über verschiedene Themen und sprach die Missstände an, in denen wir gefangen sind. Er erzählte von einem älteren Paar, das ihn einmal um Rat gefragt hatte. Sie waren völlig verzweifelt, weil ihre Tochter einen Mann heiraten würde, mit dem sie nicht einverstanden waren. Sie waren todunglücklich über die Situation und sehr verzweifelt darüber, dass sich die Tochter nicht davon abbringen lassen wollte, diesen Mann zu ehelichen. Aus menschlicher und religiöser Sicht ist das nachzuvollziehen. Aber zugleich ist es total kindisch und unreif. Die Eltern beklagten ein Leid, das sie sich selbst erschaffen hatten. Ramesh Balsekar erklärte ihnen, dass ihr Unglücklich-Sein nicht am Verhalten der Tochter liege, sondern an ihrem eigenen Widerstand gegen das Verhalten der Tochter.

Die Sache mit der Schuld

Wenn es uns nicht gut geht, ist nie jemand daran schuld, weder ein Mensch noch die Umstände. Schuld ist höchstens unsere Einstellung, Sichtweise und gedankliche Haltung. Wenn es denn so etwas wie Schuld überhaupt gäbe. Unsere eigenwilligen Schuldzuweisungen haben wir den kirchlichen Prägungen zu verdanken. Die Kirche hat sie uns eingeredet, damit sie uns einschüchtern und manipulieren kann. Aus der Sicht des Egos mag so etwas wie Schuld existieren. Doch in Wahrheit gibt es sie nicht.

Wen auch immer wir beschuldigen, in Wirklichkeit wissen wir ganz genau, dass wir unser Leid selbst verursachen. Und zwar nicht als Schuldiger, sondern aus einer unbewussten Lebenshaltung heraus, die wir seit jeher und immer neu praktizieren. Wir agieren aus Unwissenheit und ganz bestimmt nicht mit böser Absicht. Das sollten wir nie vergessen. Jeder Mensch ist von Grund auf gut. Er trägt nichts Böses in sich. Erst bestimmte Umstände bringen ihn dazu, »böse« zu handeln, und die anderen weisen ihm dann diese Eigenschaft zu.

Im Endeffekt ist jeder Mensch darum bemüht, glücklich zu sein. Nicht jeder ist in der glücklichen Lage, eine schöne Kindheit in geordneten Verhältnissen verbracht zu haben. Land, Ort und Lebensumstände spielen eine gravierende Rolle, wenn es um die Haltung geht, die der Mensch an den Tag legt.

Trotzdem liegt es an uns, uns für die Freude zu entscheiden. Wir können sie leben oder auch nicht. Bei schwierigen Lebensumständen scheint es kein Leichtes zu sein, dennoch können wir uns jederzeit nach innen ausrichten, damit uns das Außen, das sehr belastend sein kann, nicht erdrückt. Damit es keine Spuren hinterlässt und uns nicht im Nacken sitzt, sollten wir uns immer wieder bewusst sein, dass es da eine größere Ordnung gibt als unser kleines Ego.

Es hängt aber nicht nur an einer Entscheidung, ob wir freudvoll sein können, sondern an der Sichtweise und der Lebenseinstellung, die wir jederzeit verändern können. Aus allem heraus können wir Freude schöpfen, mag der Moment auch noch so dunkel sein.

Allein das Wissen darum, dass die Basis aller Dunkelheit Licht sein muss, kann uns Kraft und Stärke, Geduld und Ausdauer schenken.

Wir selbst sind Freude

Ja, wir *sind* Freude. Auch wenn wir sie nicht spüren, sollten wir uns dieser Aussage gewiss sein und ihr auf den Grund gehen. Das ist sicher eine bessere Beschäftigung, als sich im Alltag zu verlieren, Vergnügungen hinterherzurennen und Ablenkungen zu zelebrieren. Was passiert üblicherweise? Wenn wir die Aufmerksamkeit ständig auf Dinge richten, die wir anders haben wollen, als sie sind, zieht sich die Freude zurück. Warum? Weil wir unsere Mitte verlassen, wo unsere natürliche Freude wohnt.

Nehmen wir an, Sie gehen im Wald spazieren. Sie kommen an einer Stelle vorbei, wo vor Wochen ein Sturm gewütet und alle Bäume umgeknickt hat. Der Anblick gleicht einer Verwüstung, die Sie beschäftigt. Sie schlägt Ihnen aufs Gemüt. Sie stehen dort an diesem Ort und schauen sich die Zerstörung an. Vielleicht nehmen Sie dieses Bild auch noch ein Stück mit, wenn Sie weitergehen. Möglicherweise erinnern Sie sich sogar zu Hause noch daran und erzählen es jemandem. Sie tragen es immer noch mit sich spazieren, obwohl Sie den Wald schon längst verlassen haben. Es ist die Vergangenheit, nicht mehr als ein Hirngespinst in Ihrem Kopf. Aber es ist noch präsent, weil Sie dem Ganzen Ihre Aufmerksamkeit schenken.

Dazu fällt mir eine wunderbare Geschichte ein:

Der weise Mönch

Zwei Mönche ziehen des Weges. Nahe einer Ortschaft erblicken sie eine gut gekleidete, junge hübsche Frau am Flussufer, die offensichtlich das Gewässer überqueren will. Doch man sieht an ihrem ratlosen Gesicht, dass sie sich ihre Kleider nicht verderben will. Die Mönche kommen näher und ohne Zögern bietet ihr einer der Mönche an, sie über den kleinen Fluss zu tragen. Die junge Frau freut sich und klettert auf seinen Rücken. Der andere Mönch blickt seinen Genossen entgeistert an und schüttelt den Kopf. Ohne sich davon beirren zu lassen, trägt der Mönch die junge Frau über den Fluss. Auf der anderen Seite angekommen, setzt er sie am trockenen Ufer ab. Die Frau bedankt sich, geht weiter und winkt ihnen noch freundlich nach.

Die Mönche ziehen schweigend weiter. Irgendwann aber dreht sich der eine Mönch zum anderen um und sagt voller Entsetzen: »Wie konntest du nur?! Es steht uns nicht zu, eine Frau zu berühren! Noch dazu war das eine sehr hübsche, junge Frau! Es ist gegen unsere Vorschrift – und du weißt das! Wie konntest du nur gegen unsere Regeln verstoßen?«

Der zweite Mönch erwidert: »Die junge Frau hat offensichtlich Hilfe gebraucht und die habe ich ihr angeboten!«

Der erste Mönch wird lauter und ruft: »Aber du weißt, es ist gegen die Vorschrift! Wir dürfen das nicht! Ich verstehe deine Haltung nicht!«

Der zweite Mönch, der die Frau über den Fluss getragen hat, hüllt sich in Schweigen. Der erste Mönch fragt noch lauter: »Willst du mir denn keine Antwort geben?

Du hast wohl ein schlechtes Gewissen? Ich hätte dich gleich darauf aufmerksam machen müssen, dass wir das nicht tun dürfen.«

Da entgegnet der zweite Mönch: »Ich habe der jungen Frau geholfen und sie am Ufer abgesetzt, du aber trägst sie immer noch mit dir herum!«

Erinnerungen loslassen

Dass uns Dinge aufs Gemüt schlagen, geschieht einfach. Das ist keine Frage des Wollens oder Nicht-Wollens. Wir können uns die umgeknickten Bäume nach einem Sturm einfach ansehen und uns die Situation bewusst machen. »Aha, da sind geknickte Bäume.« Dabei könnten wir es belassen und die Realität anerkennen.

Aber wir spinnen den Faden weiter: »Das gefällt mir gar nicht. Wie das aussieht! Das ist ja unmöglich! Die armen Tiere! Die ganze Welt wird zerstört! Das sieht ja aus wie im Krieg!« Das wäre eine perfekte Überleitung, sich nun über den Krieg Gedanken zu machen. Wo er passiert, wie arm die Menschen dort sind und, und, und. Der Verstand ist von einem Dilemma ins nächste gestolpert. Er ist Meister darin, alles aufzubauschen und Schlimmes regelrecht zu zelebrieren. In seiner Selbstherrlichkeit wälzt er sich im Schmerz und im Theatralischen. Das liebt er. Doch er kann das nur mit unserer Hilfe tun. Wir können nichts daran ändern, wenn Gedanken hochsteigen. Aber wir können ihnen Einhalt gebieten und müssen sie nicht weiterdenken.

Wir haben nach jedem Gedanken die Chance, innezuhalten und dem Inhalt keine weitere Aufmerksamkeit zu schenken. Das braucht viel Übung, weil uns die Gewohnheit etwas anderes gelehrt hat.

Ich sagte: Wir können uns die umgeknickten Bäume einfach ansehen und uns die Situation bewusst machen. »Aha, da sind geknickte Bäume.« Wir haben festgestellt, was unsere Sinne aufgeschnappt haben. Jetzt könnten wir den Kopf nach rechts schwenken oder uns umdrehen und dorthin sehen, wo die Bäume noch wunderbar aufrecht stehen. Dann können wir die Natur bewundern und uns daran erfreuen, wie schön der Wald ist. Es gibt immer mehrere Möglichkeiten und es empfiehlt sich dringend, sich dafür zu öffnen. In problematischen Gedanken hängen zu bleiben, negative Emotionen zu nähren und sich im Leid zu wälzen, ist bestimmt nicht hilfreich, wenn wir die Freude entdecken wollen.

Wir sollten nichts ignorieren, aber auch nicht in Dingen stecken bleiben, die uns emotional herunterziehen. Steckenbleiben ist das richtige Wort für eine unserer Hauptbeschäftigungen. Ein Gedanke jagt den anderen und nur zu gern bleiben wir in einem stecken. Sehr oft in vielen. Hier geht es nicht um Vorwürfe oder um Ratschläge, sondern um ein klares Aufdecken unserer Verhaltensweisen. Wenn wir diese erkennen, ist es möglich, zukünftig anders damit umzugehen. Es geht um Leichtigkeit. Und es geht darum, sich selbst besser kennenzulernen und alte Gewohnheiten hinter sich zu lassen.

Ebenso empfiehlt es sich, Erfahrungen hinter sich zu lassen. Wenn Sie etwas erlebt haben, das Sie so sehr beschäftigt, dass Sie ständig daran denken müssen, lenken Sie Ihre Aufmerksamkeit einfach woandershin. Wenden Sie sich ganz bewusst vom Gedankenkreislauf ab. Lassen Sie ihn los, statt die Geschichte immer neu zu beleben. Das bedeutet auch, das Erlebte nicht weiterzuerzählen.

Wenn uns etwas beschäftigt, sollten wir es einfach sofort loslassen und es nicht der Freundin, dem Mann oder den Kindern berichten. Abgesehen davon, dass die anderen keine Müllabladestation sind, tut es uns selbst nicht gut. Warum möchten wir alles mit anderen Menschen teilen? Warum agieren wir so? Warum wärmen wir so gern auf, was uns belastet und bedrückt? Weil wir den Zuspruch von den anderen erwarten, wie recht wir doch haben. Doch es macht gar keinen Sinn, dass wir unser Leid immer wieder aufleben lassen. Es ist das größte Geschenk an uns selbst, wenn wir die Dinge nicht wiederholen. Aber es ist auch ein Geschenk an die anderen, die sich unsere Interpretationen der Realität nicht anhören müssen.

Schließen wir jeden Augenblick ab, und zwar so, dass der nächste Augenblick nicht von ihm vorbelastet wird. Nur so wird sich der nächste Augenblick mit Freude füllen.

»Kann ich das zukünftig umsetzen?« Diese Frage sollten Sie sich nicht stellen. Sie fragen sich ja auch nicht, ob Sie sich hinsetzen können, bevor Sie es tun. Sie tun es einfach. Ohne Überlegung und ohne Zweifel geht es am besten. Stellen Sie sich nicht selbst infrage, trauen Sie sich etwas zu. Sie sind die Freude, also benehmen Sie sich auch so. Es steht Ihnen nichts im Weg, außer Sie selbst. Also gehen Sie einen Schritt zur Seite und lassen Sie dem Leben seinen Lauf. Dann haben Sie nichts zu befürchten.

Freude, wo bist du? Hier! Wo sonst!

Wie empfinden Sie diese Titelzeile? Können Sie die Aussage so übernehmen, oder verspüren Sie Gegenwehr? Welche Gedankengänge oder Emotionen löst sie in Ihnen aus?

Wir sollten unsere Aufmerksamkeit von Problemen abziehen. Ein guter Satz, aber irgendwie nicht richtig. Ich versuche es noch einmal: Wir sollten unsere Aufmerksamkeit von Situationen oder Objekten abziehen, bevor sie zu Problemen werden. Ein Problem entsteht nämlich erst durch Aufmerksamkeit. Alles, was unsere Aufmerksamkeit erhält, kann sich infolgedessen auch problematisch entwickeln. Es gibt Momente, in denen uns sprichwörtlich das Herz stehen bleibt. Etwas erschüttert uns zutiefst, wir sind betroffen. Das bleibt nicht aus. Wie gehen wir in so einem Fall vor? Wie begegnen wir so einem Moment? Ist es nicht unmenschlich, ihn herabzuspielen? Ignoranz ist sicher keine Lösung.

Was aber ist die Lösung? Ich würde sagen: Äußerlich nehmen wir bewusst daran teil, nur innerlich bewegen wir uns nicht von der Stelle. Wir bleiben in der Mitte, auf dieser Insel, die unser eigentliches Zuhause ist.

Wenn wir aber diese Insel noch nie bewusst wahrgenommen haben, wird es schwierig. Wohin sollen wir uns zurückziehen? Nun, es ist eigentlich kein Rückzug, sondern ein bewusster Aufenthalt in sich selbst. Wir bleiben in unserer Mitte, anstatt nach außen zu schweifen. Es gibt diese Rettungsinsel, tief in uns drinnen. Doch da wir ständig mit dem Boot unterwegs sind und uns um die Wellen, die Meeresbewohner und das Wetter kümmern, haben wir sie aus den Augen verloren. Rudern wir zurück, indem wir die Wichtigkeit der von den Sinnen wahrgenommenen Dinge infrage stellen. Wir sollten die Wertigkeit verlagern, damit sich unsere Sichtweise ändert. Dann wird sich auch unsere Haltung wandeln und daraufhin unser Verhalten. Und wer sich anders verhält, bezieht eine Position, die ein völlig neues Leben erschafft.

Haltung annehmen

Das Leben folgt unserem inneren So-Sein und unser inneres So-Sein folgt dem Leben. Eine Wechselwirkung, von der wir vielleicht schon gehört haben oder um die wir sogar wissen – aber leben wie sie? Spiritualität ist nichts Spezielles. Es bedeutet, bewusst zu leben und zu handeln, anstatt Wissen in sich zu horten. Wir erteilen anderen Ratschläge und haben selbst keinen Plan. Wir erschlagen sie mit unseren Tipps, anstatt ihnen zuzuhören und ihnen das Geschenk zu machen, Änderungen oder Lösungen selbst zu erinnern. Wir tragen schließlich alle Antworten in uns. Es sind ja auch unsere Fragen.

Es geht nicht darum, sich Wissen anzueignen, auch nicht beim Lesen dieses Buches. Ich weiß bestimmt nicht mehr als Sie. Die Frage ist, welche Auswirkungen der Text auf Ihr Inneres nehmen wird. Wenn wir etwas in uns aufnehmen, ist das wie ein Same, der irgendwann Früchte trägt. Wir müssen ihn gießen, damit er gedeiht. Sein Wachstum wird durch Widerstände und Zweifel gebremst. Dessen sollten wir uns bewusst sein. Und genau an dieser Stelle habe ich wieder ein paar Anregungen für Sie.

Wie geht es Ihnen mit den letzten Absätzen hier?

Können Sie meine Worte frei von Hinterfragung und kritischen Überlegungen stehen lassen? Ja oder nein?

Was kommt spontan in Ihnen hoch? Welche Gedanken ergeben sich?

....

....

....

....

....

....

....

....

....

....

Sind Sie jetzt, in diesem Augenblick, bewusst hier?

☐ ja

☐ nein

Schweifen Sie im Alltag öfters ab?

☐ ja

☐ nein

Was beschäftigt Sie am meisten? Welche Themen sind es, die Sie ablenken und schwächen? Die Sie von Ihrer Insel fernhalten?

....

....

....

....

Es gibt eine Insel in Ihnen, die sich Freude nennt. Diese Insel ist Ihre Wohnstätte. Was werden Sie zukünftig tun, um dort häuslich zu werden?

Ständig in Bewegung

Wir neigen dazu, ständig mit etwas beschäftigt zu sein. Sind wir das einmal nicht, suchen wir sofort nach einer Aktivität. Warum ist das so? Wir wollen nicht nur dauerbespaßt werden, dieses Verhalten ist ein geschickter Schachzug des Egos, seine Stellung zu bewahren. Es versucht uns abzulenken und zu beschäftigen, sodass wir ja nicht auf die Idee kommen, es infrage zu stellen. Wenn wir nämlich einmal nichts zu tun haben und zur Ruhe kommen, kann es ganz schön ungemütlich für das Ego werden.

Je stiller es um uns herum wird, desto mehr legt sich das Innenleben offen. Emotionen wie Traurigkeit, Leere, Langeweile, Ängste, Kummer, Sorgen und Nöte werden überdeckt, solange wir uns einer Sache widmen. Geht unsere Aufmerksamkeit nach außen, entfernen wir uns automatisch von unserem Wesenskern. Dass es passiert, ist völlig normal, da der Mensch sich über die Sinne definiert, die ständig mit etwas konfrontiert werden. Daran können wir nichts ändern, da wir mitten in einer Welt leben, an der wir auch teilhaben sollten.

Die Frage ist, welchen Stellenwert wir ihr einräumen. Ob sie das Wichtigste für uns ist oder ob wir darüber hinaus auch noch nach innen sehen können. Das Problem sind weder die Sinne noch das äußere Leben an sich, sondern welche Bedeutung wir ihnen beimessen. Welchen Bezug bauen wir zu den Dingen auf und wie gehen wir mit ihnen um? Wie reagieren wir? Nehmen wir eine Sache persönlich oder können wir ihr völlig neutral begegnen, ohne uns davon emotional oder gedanklich berühren oder gar mitreißen zu lassen? Auch Gedanken kommen immerfort, was wir nicht beeinflussen können. Aber wir können sie wieder ziehen lassen.

> Gedanken sind wie Vögel, die herbeifliegen und wieder verschwinden. Ganz allein wir sind es, die sie einfangen und uns dann mit ihnen beschäftigt halten. Wir sind nicht dazu gezwungen, uns mit all den Vögeln auseinanderzusetzen. Wir müssen sie nicht ständig füttern.

Es geht nicht darum, nichts denken zu dürfen, was ohnehin nicht möglich ist. Es geht darum, nicht auf jeden Gedanken einzusteigen. Gedanken drehen sich um die Vergangenheit und um Zukünftiges. Wenn Leben hier und jetzt stattfindet, ist klar, dass es nicht bewusst gelebt werden kann, solange wir nach hinten preschen oder nach vorn eilen. Sind wir in unseren Gedankenwelten, leben wir entweder aus der Vergangenheit oder in der Zukunft. Doch wann sind wir bereit, uns dem Augenblick zu stellen? Bleiben wir doch einfach einmal stehen, lassen wir alle Beschäftigungen sein und halten wir inne. Wenn unser Verstand dazu drängt, etwas zu tun, geben wir dem einfach nicht nach. Wir sind der Chef, nicht er. Er hat nur so viel Macht, wie wir ihm geben. Dessen sollten wir uns wirklich bewusst sein.

Eigentlich ganz einfach

Unsere Reaktionen sind durchaus normal. Wir handeln aus einem Urinstinkt heraus, was Sinn macht. Denn damit soll das Überleben gesichert werden. Wir sind Gott sei Dank mit hervorragenden Verhaltensweisen und Reflexen ausgestattet worden. Das beginnt damit, dass wir unsere Hand zurückziehen, bevor sie sich auf der Herdplatte verbrennt, oder dass wir losrennen, wenn Gefahr droht. Doch wir sind meist nicht in Gefahr. Was in Gefahr ist, sind unsere eigentliche Lebensaufgabe und unser Selbst, das vom Ego überdeckt wird. Das Ego, das Ich, die Persönlichkeit, die Ich-Identifikation, das alles ist aber nicht unser Feind und demnach auch nicht schlecht. Ohne das Ich könnten wir unsere wahre Lebensaufgabe nicht bewältigen, da es sozusagen das Werkzeug ist. Ich wiederhole: das Werkzeug! Wir aber verwechseln es mit unserem eigentlichen Sein. Kein Wunder, wenn uns unter diesen Voraussetzungen die Freude abhandenkommt.

Doch halt: Wäre sie immer da, würden wir uns wohl gar nicht mehr darum bemühen, uns selbst zu entdecken. Wir würden uns ausnahmslos in Ablenkungen und Vergnügungen verlieren und unsere Lebenszeit vergeuden. Wenn die Freude also weg ist, ist das eine wunderbare Einladung, unsere Ausrichtung zu überprüfen und unsere Aufmerksamkeit von irdischen Belangen abzuziehen.

Fragen wir uns also immer neu: Was tun wir gerade? Ist diese Tätigkeit sinnvoll?

Einverstanden sein

Die Zeit vergeht, der Körper wird älter. Eines Tages bemerken wir vielleicht, dass uns das Leben bisher herzlich wenig geboten hat. Das liegt aber nicht daran, dass uns das Leben nichts geben will, sondern dass wir nichts Wesentliches dazu beigetragen haben, seine Qualität zu verbessern. Jeden Tag fernsehen, Beschäftigungen nachjagen, bis zum Umfallen feiern oder bis zur Erschöpfung arbeiten, sich über andere auslassen und ein bisschen da und dort herumspazieren, das ist bestimmt kein Fundament, auf dem man Freude aufbauen kann. Wir suchen die Freude im Außen, das ist unser Problem. Wir glauben, dass wir dort die Freude finden können. Aus diesem Grund unternehmen wir ja auch so viel, weil wir glauben, darin Glück zu finden.

Natürlich können wir Dinge erleben, die uns befriedigen. Aber diese Art von Freude ist nur von kurzer Dauer, weil sie von etwas Äußerem abhängig ist. Objekte verschwinden, Menschen gehen und Situationen verändern sich. Und dann sieht es so aus, als ob sie die Freude mit sich nehmen. Das ist tatsächlich so. Unsere Zufriedenheit hängt von Dingen, Objekten und Ereignissen ab, was der Grund unseres Leidens ist. Das ist auch der Beweis dafür, dass das, was wir als Freude verstehen, gar nicht die wirkliche Freude sein kann. Diese kommt und geht nämlich nicht, sie ist. Wenn die Idee, der irdischen Freude nachzujagen, verblasst, kommt die wahre Freude zutage. Dann wird es scheinbar langweilig, zumindest empfinden wir das so. Es bewegt sich zu wenig, es rührt sich nicht viel, es passiert nichts. Aber muss ständig etwas passieren, damit wir uns gut fühlen?

Je weniger passiert, umso wohler können wir uns fühlen. Und je weniger wir wissen, umso besser für uns.

Das will das Ego nicht hören. Das Ego will jemand sein, es will wissen, bestimmen, etwas erleben und dominieren. Eigentlich will es ständig etwas, oder es will etwas nicht. Sind wir krank, will es gesund sein. Haben wir kein Auto, will es eines haben. Es ist eigentlich ganz gleich, wie es ist, Fakt ist, dass wir nur selten damit einverstanden sind. Doch damit einverstanden zu sein, ist der Schlüssel zum Glück. Und wo das Glück ist, liegt die Freude. Das Leben ist uns wohlgesonnen, auch wenn es nicht immer so aussieht. Darauf zu vertrauen, nennt man emotionale Intelligenz. Wir sollten das Leben nicht als Feind behandeln, auch wenn es uns ab und an mit Inhalten konfrontiert, die alles andere als lustig sind. Die Herausforderung ist, mit dem Leben zurechtzukommen. Das tut es ja auch mit uns.

Sehen Sie sich dieses Bild einmal an. Schreiben Sie dann den ersten Impuls nieder, der Ihnen in den Sinn kommt. Was sehen Sie?

Überlegen Sie nicht, was Sie jetzt schreiben sollten, sondern formulieren Sie in wenigen Sätzen, was Ihnen einfällt:

Nehmen Sie sich Zeit und lassen Sie das Bild erneut auf sich wirken. Beobachten Sie, welche Gedanken und Gefühle Sie ereilen. Erst dann sollten Sie fortfahren. Es ist eine Kunst, aus einer oberflächlichen Betrachtungsweise in eine tiefere Wahrnehmung überzugehen. Sich auf dieses Experiment einzulassen, ist viel mehr, als nur ein Bild zu betrachten. Es ist eine Schau in sich selbst, eine Konfrontation mit der Stille, mit Emotionen und Gedanken.

Beantworten Sie folgende Fragen:

Könnte es eine Kinderzeichnung sein?

☐ ja

☐ nein

Oder sogar Ihre eigene?

☐ ja

☐ nein

Von welchen Details fühlen Sie sich angesprochen?

Sehen Sie sich das Bild noch einmal an: Fehlt Ihrer Meinung nach etwas?

☐ ja

☐ nein

Wenn ja, was wäre das? Objekte, Farben, etwas anderes? Was würden Sie ergänzen?

Gibt es etwas, das Sie an diesem Bild besonders mögen?

☐ ja

☐ nein

Wenn ja, was?

Schauen Sie weiterhin auf das Bild. Studieren Sie es eingehend. Gibt es etwas, was Sie daran überhaupt nicht mögen?

☐ ja
☐ nein

Wenn ja, was?

Löst das Bild in Ihnen Emotionen aus?

☐ ja
☐ nein
☐ mir ist das Bild egal
☐ weiß nicht

Wenn ja, welche:

☐ Fröhlichkeit
☐ Trostlosigkeit
☐ Freude
☐ Gelassenheit
☐ Ablehnung
☐ Leichtigkeit
☐ Gleichgültigkeit
☐ Übermut

- ☐ Gleichklang
- ☐ Stille
- ☐ andere:

Ein Bild der besonderen Art

Es ist schon interessant, was ein Bild in uns auslösen kann oder besser gesagt: was wir in ein Bild hineinprojizieren können. Ich hatte in dieser Hinsicht einmal ein eindrucksvolles Erlebnis: Ich war zum Essen eingeladen. Im Wohnzimmer des Gastgebers hing ein beeindruckendes Bild an der Wand. Eine traumhafte Winterlandschaft. Ein liebevoll von Hand gemaltes Ölgemälde, das kein Detail ausließ und aus einer geringen Distanz nahezu einer Fotografie glich. Nach dem Essen stand ich mit einigen Gästen in der Nähe dieses Kunstwerkes. Das Bild hatte in mir einen Eindruck hinterlassen, ständig sah ich es an. Plötzlich sagte jemand zu mir, ob mir dieses Bild denn gefiele? »Ja«, sagte ich, »es spricht zu mir.«

Die anderen im Raum hatten das mitgehört. Nun stand das Bild im Mittelpunkt des Geschehens und es entwickelte sich eine spannende Unterhaltung. Irgendwie kam es dazu, dass jemand vorschlug, dass jeder etwas zu dem Bild sagen sollte. Wie er es empfinden und was es in ihm auslösen würde. Die Aussagen unterschieden sich völlig und ich war erstaunt, dass zwanzig Augenpaare gänzlich unterschiedliche Sichtweisen hatten. Für den einen Gast war die Winterlandschaft karg, für den nächsten kalt, ein weiterer hielt sie für trostlos, ein anderer bezeichnete sie als fröhlich. Am Ende des Gesprächs kamen wir zu dem Schluss, dass all das, was wir in diesem Bild gesehen hatten, überhaupt nichts mit dem Bild zu tun haben kann. Von dem Bild ging keine Eigenschaft aus, es hat uns lediglich Emotionen gespiegelt. Es spiegelte eine facettenreiche Vielfalt von Kälte, Wärme, Stille, Traurigkeit, Einsamkeit und vielem mehr.

Alle waren sehr beeindruckt und auch berührt, niemand fühlte sich auf den Schlips getreten. Jeder hatte die Möglichkeit, diese wertvolle Einsicht mit sich nach Hause zu tragen und fortan ein bisschen genauer hinzusehen. Das Bild hatte bei jemandem Traurigkeit ausgelöst und sie ihm vor Augen gehalten. Beim anderen war es Einsamkeit, beim nächsten Freude. Eine gute Möglichkeit, sich diese Empfindungen anzusehen. Es geht nicht darum, sie zu analysieren, sondern sie zu betrachten und da sein zu lassen.

Schlechte Emotionen sollten wir nicht wegjagen, sondern liebevoll behandeln, sie aber auch nicht überbewerten. Wenn sie auftauchen, können wir sie betrachten und dann freundlich wieder gehen lassen.

Die Freude wird von so vielen Emotionen überdeckt, nicht nur von der Traurigkeit. Wenn wir sie ziehen lassen, bleibt Freude übrig. Die Freude ist immer da, jedoch wird sie nicht nur von Emotionen und Gedanken, sondern auch von Perspektiven, Sichtweisen, Meinungen, Verhaltensformen, Projektionen, Interpretationen, Annahmen und

Vorstellungen überlagert. All dem sollten wir uns stellen. Es braucht die Erkenntnis, dass die Dinge nie so sein können, wie wir sie sehen.

Die innere Müllhalde

Einsichten kommen zum Vorschein, wenn es still wird. Deswegen ist es das Beste, was wir tun können, uns nach innen zu wenden und unsere Aufmerksamkeit von den Verkleidungen dieser Welt abzuziehen, damit das, was die Freude für uns unzugänglich macht, ausheilen darf. Das kann es nur, wenn wir hinschauen. Wer wegschaut, ausweicht, nach Lösungen im Außen sucht und die Leichen weiterhin im Keller lagert, wird irgendwann in seinem inneren Müll ersticken.

Wie handhaben Sie es mit Ihrem Abfall? Ich denke, dass Sie ihn mindestens einmal in der Woche entsorgen. Sie kämen im Traum nicht auf die Idee, Ihren Müll wochenlang, monatelang oder jahrelang zu horten. Die Folge wäre ein unendlicher Gestank, ein Vergammeln Ihres Lebensraums.

All die Eigenschaften und Verhaltensformen, die wir uns über viele Jahre angeeignet haben, sind nichts als Müll. Deswegen sollten wir sie nicht ignorieren, sondern sie in einem ruhigen Moment betrachten. Wir kennen uns gar nicht. Vielleicht glauben wir, uns zu kennen, aber dieses Bild, das wir uns von uns zurechtgelegt haben, besteht nur aus Vorstellungen, die wir von uns haben. Wir haben Meinungen übernommen, wie andere uns sehen, und glauben, das zu sein, was wir über uns denken. Erinnern wir uns an das Bild mit der herrlichen Winterlandschaft. Auch darin kann nicht jeder die bezaubernde Natur entdecken, sondern nur seine Projektion erfahren.

Das ganze Leben ist eine Projektion

Lassen Sie die Worte dieser Überschrift auf sich wirken. Denken Sie am besten nicht darüber nach und analysieren Sie nichts. Kommen Sie in ein paar Tagen (frühestens nach drei Tagen) an diese Stelle zurück, indem Sie das Buch genau hier aufschlagen und notieren, was Sie dann dazu zu sagen haben.

Kehren wir noch einmal zu unserer Zeichnung zurück, die von einem Kind stammen könnte. Hatten Sie sich dazu ein paar Notizen gemacht? Für das Folgende ist es wichtig, dass Sie Ihre Wahrnehmungen niedergeschrieben haben und überprüfen können, welche Antworten Sie gegeben haben. Erst dann können wir den nächsten Schritt wagen.

Was Sie genau wahrgenommen haben, das wissen nur Sie. Es gibt unendlich viele Möglichkeiten, die ich hier nicht alle aufzählen kann. Aber vielleicht haben Sie eine karge Zeichnung gesehen, sie eventuell als Kritzelei bezeichnet, wurden an Ihre Kinder oder sogar an die eigene Kindheit erinnert, fanden die Tiere süß, wunderten sich, dass sie nicht am Boden sitzen, vermissten die Blumen oder Farben und so weiter. Der Inhalt spielt hier keine tragende Rolle, es geht um mehr. Deshalb gehen wir einmal weg von den Bergen, Wolken, Tieren oder Bäumen.

Spieglein, Spieglein in der Welt

Die Emotionen, die sie bemerkt haben, verdienen es, etwas genauer betrachtet zu werden. Sie sehen daran nicht nur, wie es in Ihnen aussieht, sondern erkennen die Emotion als Spiegelung. Sie haben sie auf das Bild projiziert und meinten, dass sie dem Bild anhaftet. Ein Bild aber hat keine Eigenschaften, bis man ihm welche zuteilt. Die Zeichnung ist somit nur der Auslöser, der Ihre Innenwelt sichtbar macht. Das, was Sie vielleicht am Bild bemängelt haben, hat mit dem Bild nichts zu tun. Da alles Ihr Spiegel ist, hat Ihnen das Bild Ihre Schatten- und natürlich auch Lichtseiten gespiegelt.

Und das gilt nicht nur für das Bild. Alles, was Sie im Leben loben oder beanstanden, spiegelt lediglich Ihre

Seelenwelt wider. Nun kann man das natürlich nicht immer eins zu eins übertragen. Wenn Sie jemanden sehen, der jemand anderen schlägt, bedeutet das nicht, dass Sie gewalttätig sind. Natürlich trägt ein jeder Mensch ein großes Potenzial an Gewalt in sich. Der eine lebt es aus, der andere unterdrückt es. Hier gilt es, genau hinzusehen und zu erkennen, dass es die Widerstände und die Ängste sind, die uns animieren, ein Urteil zu fällen. Das, was Sie gesehen haben, ist natürlich nicht gut, aber wer sind wir, dass wir andere verurteilen könnten? Es ist sehr heilsam, wenn wir unsere Beurteilung einfach mal sein lassen. Umweltverschmutzung beginnt im Kopf und auch unsere Gedanken und Worte sollten »sauber« sein.

Haben Sie das Bild trostlos gefunden, dann müssen Sie Trostlosigkeit in sich tragen. Wie sonst könnten Sie diese bemängeln? Empfinden Sie es als kalt, fehlt es Ihnen an Wärme. Lehnen Sie es ab, tragen Sie Widerstände in sich. Und so weiter. Im Leben ist es nicht anders. Wenn Sie denken, dass ein anderer Sie betrügt, müssen Sie diesen Aspekt in sich tragen, ansonsten würden Sie nie auf so eine Idee kommen.

Man kann immer nur von sich selbst auf andere schließen, heißt es so schön. Und es stimmt.

Wenn Sie jetzt also noch einmal zurückblättern und lesen, welche Emotionen das Bild bei Ihnen ans Tageslicht gefördert hat, können Sie so einiges über sich erfahren. Ein perfekter Spiegel. Es geht nicht darum, dass man sich bloßstellt, schlecht oder sogar schuldig fühlt. Es geht um eine nüchterne Betrachtungsweise von Eigenschaften, die Sie als Baby ja noch nicht hatten. Es ist etwas Antrainiertes, was sich auch wieder rückbilden lässt, wenn man es mit etwas Abstand von außen betrachtet und sich nicht damit identifiziert.

Spiegelungen sind gut, sie zeigen uns auf, wo wir in uns noch blinde Flecken haben. Aus Unwissenheit horten wir in uns das, was wir nicht so gern betrachten, und bezeichnen es als »Fehler« oder »Schwäche«. Doch es sind nicht unsere Eigenschaften, sondern Emotionen, Gedanken und Handlungen, die wir auf uns beziehen. Es sind alte und fremde Geschichten, die eigentlich nicht wirklich zu uns gehören. Sie gehören zum Menschsein, aber nicht zu unserem eigentlichen Wesen.

Viel mehr sehen

Gehen wir über die Emotionen hinaus und schauen wir uns noch einmal an, wie Ihre Antwort auf die erste Frage zu dieser Zeichnung ausgefallen ist. Sie lautete: Was sehen Sie?

Erinnern Sie sich noch daran? Wenn nicht, so blättern Sie auch hier ein paar Seiten zurück und schauen Sie sich Ihre Antwort noch einmal an. Hat sie nur das betroffen, was auf dem Bild sichtbar war, oder auch das Bild selbst, die Hände, die es hielten, Gegenstände im Raum, das Bett, Wände oder sogar Ihre Nasespitze? All das wäre möglich. Ich habe Sie ja nicht gefragt, was

Sie auf diesem Bild sehen. Sondern: »Was sehen Sie?« Natürlich hat der Verstand seine eigene Auffassung, und wenn er sich ein Bild ansehen soll, wird auch das beschrieben. Daran sehen wir, wie unbeweglich und begrenzt er ist. Wir sehen nämlich immer viel mehr, als wir glauben.

Lesen Sie einmal ruhig weiter und versuchen Sie nebenbei, Ihr Bewusstsein weit werden zu lassen. Was sehen Sie jetzt, ohne von den Buchstaben wegzusehen? Plötzlich tauchen da Ihre Hände auf, Sie sehen die Couch, auf der Sie sitzen, oder das Bett, auf dem Sie liegen, Sie sehen Vorhänge, Fenster und vieles, vieles mehr. Aber vor allem sehen Sie auch Teile von sich, die Nasenspitze, die Brille, Haare, die Füße, den Körper. Wenn Sie mit etwas beschäftigt sind, sehen Sie das in der Regel nicht. Sie sind zu zentriert auf eine Sache und blenden alles andere aus. Warum? Weil wir uns als selbstverständlich ansehen und uns als Ausgangsposition der Welt empfinden. Doch wie kann etwas Vergängliches die Ausgangsposition sein?

Alles miteinzubeziehen, bedeutet nicht automatisch, unkonzentriert zu sein. Wir können jederzeit alles miteinbeziehen, ganz gleich, was wir machen: beim Spazierengehen, beim Kochen, beim Sport, bei der Arbeit oder in der Freizeit, es ist überall möglich. Es ist eine Achtsamkeitsübung, die Ihnen Ihr Leben unglaublich erleichtern wird, wenn Sie sie in Ihren Alltag mit einfließen lassen. Ob im Stau oder an der Kasse im Supermarkt, gewöhnen Sie sich an, diese erweiterte Wahrnehmung zu praktizieren und zu schulen. Ganz schnell wird sie zur Gewohnheit werden. Jetzt fragen Sie sich sicher, was das bringen soll? Das ist eine gute Frage, die ich Ihnen nur zu gern beantworten möchte.

Das Ego im Mittelpunkt

Das Ego, das sich mit verschränkten Händen trotzig vor das Selbst stellt, ist hartnäckig, wenn es darum geht, transparenter zu werden. Doch das Ego ist auch wie eine Zwiebel, die sich schälen lässt. Wir können es allerdings nicht aus dem Keller holen und einfach damit beginnen, die Haut abzuziehen. Ganz so einfach ist es nicht. Doch solange wir aus der Ego-Perspektive heraus leben, wird sich nichts verändern. Alles bleibt beim Alten – und das wollen wir nicht, oder?

Die Ego-Perspektive betrachtet alles aus einer Position von: »Hier bin ich und dort sind die anderen.« Das Ich geht davon aus, der bereits erwähnte Lebensmittelpunkt zu sein, und bezieht sich selbst gar nicht mit ein. Es setzt ja voraus, dass es der Hauptdarsteller ist. Wenn wir nun unsere Wahrnehmung weit werden lassen und unser Ich, also auch den Körper, den Menschen, das, was wir an uns selbst sehen, miteinbeziehen, lockert sich diese Einstellung. Ich und die Welt. Das gibt es dann nicht mehr. Wenn die Vögel, die Bäume, die Kühe und alle anderen Menschen plötzlich im selben Raum erscheinen wie wir, was unterscheidet uns dann noch? Alles ist gleichzeitig anwesend und mit dieser Wahrnehmung ist es wesentlich einfacher, das Leben als Ganzes zu betrachten. Wenn ich hier stehe und sich dort drüben das Leben abspielt, bleibe ich in der Trennung stecken. Das ist die übliche Form, wie wir die Dinge sehen. So haben wir es gelernt und übernommen und so wird es auch bleiben, wenn wir uns nicht bemühen, unsere Sicht auszudehnen. Den Blick zu weiten ist weder anstrengend, noch ist es eine Übung. Es sollte zu einer Haltung werden.

Wo bin ich?

Diese Achtsamkeitshaltung ist eine wunderbare Chance, das Leben völlig neu zu erfahren. Alles hat den gleichen Wert und besonders in einem Gespräch werden Sie staunen: Sie werden sich nicht mehr betroffen fühlen, weil sich der, der etwas zu Ihnen sagt, nicht mehr von Ihnen unterscheidet. Sie nehmen Ihren Körper und den anderen, also beide Menschen gleichzeitig und gleichwertig wahr. Wer soll noch reagieren, wenn beide gleichwertig sind? Natürlich definieren Sie sich weiter über Ihren Körper, aber Sie vergessen dabei nicht, dass er nur Ihr Werkzeug ist. Wenn Sie sich in diesem Raum, in dem Sie sich beide erleben, miteinbeziehen, gibt es auch keinen Streit. Niemand kann beleidigt sein, alles verläuft in völlig entspannter Atmosphäre, weil Sie keinen Bezug mehr nehmen. Sie nehmen den anderen vollkommen wahr, doch Ihre Persönlichkeit bildet keine Angriffsfläche mehr. Welch wunderbare Alternative, das Leben zu leben. Versuchen Sie es.

Und hier ist es noch einmal – das wundervolle Bild, von dem wir so viel lernen und erfahren dürfen. Ich nenne es einfach »wundervoll«, auch wenn es nicht »wundervoll« ist. Es ist einfach ein Bild und auch dieses Wort habe ich mir angelernt.

Vielleicht haben Sie erkannt, was das Bild mit der Freude zu tun hat, nach der wir in diesem Buch Ausschau halten. Sie sehen sehr viel, wenn Sie das zulassen und wollen. Abgesehen davon, dass es mich fröhlich stimmt, hat dieses Bild so viel zu bieten. Wenn Sie das nächste Mal irgendwo ein Bild sehen, halten Sie inne und betrachten Sie es. Nehmen Sie sich die Zeit, Sie werden so viel über sich erfahren, was sicher spannender ist als jede Zeitschrift. Und wenn Sie das mehrmals praktiziert haben, weiten Sie diese Achtsamkeitshaltung auf Ihr Leben aus. Wo auch immer Sie reagieren, emotional werden oder etwas zu kritisieren haben, belassen Sie es nicht dabei. Überprüfen Sie das, was in Ihnen geschehen ist, damit Sie immer mehr erkennen können, dass dies alles von Ihnen ausgeht.

Das vermeintliche Außen ist Ihre Projektion und kann immer nur mit Ihnen zu tun haben.

Im nächsten Schritt können Sie also jedes Bild und natürlich auch alles andere, was Sie sehen, bewusster betrachten. Die Welt wird zu einem großen Bild. Gehen Sie weg von Emotionen und Gedanken und lassen Sie das Gesehene einfach nur auf sich wirken. Dies gelingt besonders gut, wenn Sie sich selbst miteinbeziehen.

Solange Sie das Leben im Alleingang meistern wollen, werden Sie bei allem, was Ihnen begegnet, immer wieder mit Ihren Schattenseiten konfrontiert werden. Dieses Spiel endet dann, wenn Sie die Hauptrolle abgeben und allen Beteiligten in Ihrem Lebensspiel den gleichen Stellenwert einräumen. Menschlichkeit und Respekt, die dann entstehen, sind mit der Freude eng verbunden, man könnte sie als ihre Freunde bezeichnen.

Wolkenverhangen

Nehmen wir einmal an, dass die Sonne auf diesem Bild Gott ist, oder wie auch immer Sie diese eine Kraft nennen möchten. Wenn wir neben den Bäumen stehen und zur Sonne hinaufsehen, ist der Blick nach oben hin frei. Im Leben aber ist der Himmel meist von Wolken bedeckt. Die Sonne bleibt unsichtbar. Wir können das Licht nicht sehen. Diese Wolken sind all die Ablenkungen und Beschäftigungen, in denen wir uns verlieren. Es sind die Gedanken, in denen wir uns aufhalten und häuslich niedergelassen haben. Doch wie wollen wir in unser Innerstes sehen, wenn wir andauernd nach außen blicken? Natürlich sind wir so gepolt, dass sich unser Blick auf das Sichtbare richtet. Das liegt an den Sinnen. Wir können ja nicht einfach auf das Unsichtbare schauen, weil es nicht zu sehen ist.

Es stellt sich die Frage, wohin wir eigentlich sehen sollen, wenn es gar nichts zu sehen gibt. Wir definieren uns zu sehr über das Auge und vertrauen zu wenig auf unser

Empfinden. Nur weil wir diese eine Kraft, die wir im eigentlichen Sinne sind, nicht mit den Augen erfassen können, bedeutet das nicht, dass es sie nicht gibt. Natürlich muss es sie geben. Woraus sonst sollten wir entstehen? Haben Sie gedacht, dass Sie Ihre Atmung bestimmen? Dass Sie all Ihre Entscheidungen allein treffen und allein auf dieser Welt sind? Es hat den Anschein, aber es stimmt mit Sicherheit nicht.

Unsichtbar, aber anwesend

Die Aufmerksamkeit auf das Unsichtbare auszurichten, bedeutet, die Aufmerksamkeit von außen abzuziehen oder sie dort zu belassen und sich in jedem Fall bewusst zu sein, dass sich hinter dem Gesehenen das Eigentliche verbirgt. Alles, was wir über die Sinne wahrnehmen können, ist nur der äußere Schein, die Hülle, die Verpackung. Sie ist es, die in sich die Freude versteckt. Man könnte es auch eine Mogelpackung nennen. Wir gehen nach draußen und erleben Menschen, Tiere, Pflanzen, Bäume und vieles mehr. Was das Ganze hervorbringt, was sich dahinter verbirgt und was der eigentliche Kern ist, sehen wir nicht. Wir sind uns ausschließlich dessen bewusst, was sich in unserem Blick zeigt. Wir spüren zwar viel, doch irgendwie bleibt es unbeachtet. Wir bleiben beim Gesehenen stehen. Es ist, als ob Sie einen Tennisball an eine Wand werfen, er prallt ab und springt zu Ihnen zurück. Er kann die Wand nicht durchbrechen. Ihr Blick sieht etwas, verstrickt sich in diesem Objekt und beginnt es zu interpretieren. Gedanken kommen hoch, Meinungen werden gebildet, Annahmen geschmiedet und Vermutungen ausgeheckt.

Doch was bitte soll das alles mit dem Objekt zu tun haben? Es sind ja nur Gedankengänge in Ihrem Gehirn, die auf etwas reagiert haben. Die Reaktion hat eine Bewegung in Ihrem Gehirn ausgelöst, womit das Objekt selbst nicht das Geringste zu tun haben kann. Sie aber glauben, dass Ihre Annahmen etwas über das Objekt aussagen. Noch viel mehr, Sie sind davon überzeugt, dass das Objekt genau so ist, wie Sie es sehen, beschreiben, einschätzen und erleben.

Haben Sie schon einmal darüber nachgedacht, welchen Wahrheitsgehalt Ihre Meinungen haben? Wenn jeder Mensch auf der Welt eine andere Meinung hat, wer hat recht? Gibt es so etwas wie »recht haben« überhaupt, und wenn ja, wer will das bestimmen?

Diese Wolken, die zwischen der Sonne und Ihrer Wirklichkeit schweben, können Sie beiseiteschieben. Dies bedeutet nicht, dass Sie nicht mehr denken dürfen, sondern dass Sie Ihre Verhaltensweisen einmal etwas genauer unter die Lupe nehmen. Doch seien Sie nicht zu streng mit sich und verurteilen Sie sich nicht. Betrachten Sie Ihre Eigenheiten gelassen und neutral. Jeder Mensch sieht die Dinge so, wie er sie eben sieht, zu etwas anderem ist er gar nicht fähig. Zumindest solange nicht, bis er realisiert, dass seine Gedanken keinerlei Realitätsgehalt aufweisen.

Es ist alles gar nicht so kompliziert, wie es klingt, da wir uns immer nur selbst im Weg stehen. Aber eigentlich wollen wir ja alle nichts anderes als freudig zu sein. Dafür ist kontinuierliche Achtsamkeit notwendig und eine Auffassungsgabe, die zulässt, dass wir uns selbst und die Welt mit ungetrübten Augen sehen. Ein trübes Herz kann keinen klaren Blick hervorbringen.

Ein klares Herz

Ein klares Herz ist respektvoll, dankbar, achtsam, gelassen, offen, unvoreingenommen und innerlich still. Das sind Tugenden, die wir uns nicht aneignen müssen. Sie müssen lediglich wiederentdeckt werden, denn jeder Mensch trägt sie seit jeher in sich. Auch Sie haben ein großes Herz. Machen Sie sich nicht kleiner, als Sie sind. Erkennen Sie Ihre Größe. Sie sind auf dem besten Weg, wenn Sie sich der Wolken auf Ihrem Bild der Welt bewusst sind. Wenn Sie realisieren, dass es Wolken gibt, die Ihnen die Sicht rauben. Sie müssen nichts tun, um die Wolken beiseitezuschieben.

Es geht um mehr als um eine Handlung. Es geht um Einsichten, die eine Umkehr bewirken, sobald sie bewusst wahrgenommen werden.

Einsichten ereilen uns, wenn wir innehalten. Wenn wir mit den Wolken beschäftigt sind, ist das wie ein Filter. Die Einsicht kommt nicht zu uns durch. Wir stehen unten bei den Bäumen und daher muss es über uns wolkenlos sein, damit wir die Sonne sehen können. Wir können uns nicht darüber beschweren, dass wir frieren, wenn wir uns freiwillig im Schatten aufhalten.

Diese starre Haltung muss weichen und durch Experimentierfreudigkeit, Mut und Elan ersetzt werden. Wir sollten der Freude Platz machen, indem wir aufhören, ihr hinterherzulaufen. Wenn wir dem Glück folgen und die Freude suchen, verdrängen wir sie. Am liebsten ist es uns komischerweise, wenn sich ständig etwas rührt. Wenn immer etwas los ist: ein Fest, eine Verabredung, ein Ausflug, eine Party, ein Urlaub oder irgendetwas, was uns bei Laune hält. Diese »Zwangsbespaßung« kann ein paar Jahre recht unterhaltsam sein, doch erst wenn es ruhiger wird, kann sich das, was in uns ist, entfalten. Das bedeutet nicht, dass wir nichts mehr unternehmen und uns vom Leben abwenden. Das Gegenteil ist der Fall. Mitten im Leben zu stehen, ist wahre Spiritualität. Alles zu genießen, was sich zeigt, ohne sich daran zu binden, ist die optimale Haltung. Wenn wir uns an nichts mehr festhalten, werden wir uns selbst entdecken.

Wo fängt Freude an?

Wie würden Sie diese Frage auf die Schnelle beantworten?

Was haben Sie geantwortet? Fängt Freude für Sie in der Freizeit an oder vielleicht mit einem Geschenk? Fängt sie mit einer guten Nachricht an, mit einer Gehaltserhöhung oder mit einem guten Essen?

Die Wahrheit ist: Freude hat keinen Anfang und kein Ende. Versuchen wir also nicht, zwanghaft durch Handlungen Freude herbeizuführen, da dies auf Dauer nicht funktioniert. Freude ist von jedem Funktionsprinzip frei. Sie braucht nichts, um daraus zu entstehen. Sie ist frei von Bindungen und völlig ungezwungen. Sie ist die Basis allen Seins. Sie fängt nie an, sie ist. Obwohl unsichtbar, ist sie immer gegenwärtig.

Könnte man sagen, dass die Freude in Ihnen anfängt? Ja, das könnte man sagen. Aber wie soll das, wozu Sie bereit sind, in Ihnen anfangen können? Gehen wir dem nach.

Ihre Freude

Schreiben Sie bitte zehn Ereignisse auf, die Ihnen Freude bereiten würden:

....

....

....

....

....

....

....

....

....

....

Nun drehen wir den Spieß einmal um. Nehmen wir an, Sie sind total ausgelassen, glücklich und fröhlich. Welche fünf Ereignisse würden Ihre Freude jäh stoppen und Sie völlig aus der Bahn werfen?

Bei beiden Aufgaben hat die vorhandene oder nicht vorhandene Freude einen Grund. Und wenn Freude einen Grund braucht, muss sie von etwas abhängig sein. Nun stellen Sie sich vor, dass es gar keinen Anlass braucht, um absolut zufrieden zu sein, sondern dass Zufriedenheit einfach gegeben ist. Wie fühlt sich das an?

Können Sie sich das vorstellen?

☐ ja

☐ nein

Wenn ja, sind Sie darum bemüht, der Freude auf den Grund zu gehen, sich selbst etwas genauer kennenzulernen und sich für Dimensionen zu öffnen, die sich der Verstand nicht annähernd vorstellen kann?

☐ ja

☐ nein

Wenn ja, dann freue ich mich sehr, dass Sie Ihre einzig wahre Aufgabe wahrnehmen wollen oder bereits dabei sind, sie wahrzunehmen.

Was glauben Sie, ist Ihre Lebensaufgabe?

....

....

....

Welche Lebensaufgabe hat die Menschheit? Was vermuten Sie?

....

....

....

....

....

Erwachen

Im Laufe meiner Lebensberatertätigkeit haben die meisten Menschen, die mich aufsuchten, auf die Frage nach ihrer Lebensaufgabe mit ihrer »Berufung« beantwortet. Das mag durchaus ein wichtiger Aspekt sein. In Anbetracht dessen, dass viele Menschen nur einen Job ausüben, um ihren Lebensunterhalt zu bestreiten, scheint es doch wichtig, eine passende Arbeit zu haben. Doch die Lebensaufgabe des Menschen besteht eher in Selbsterkenntnis und Selbstverwirklichung. Die Krönung des Lebens habe ich auch schon einmal als den Tod bezeichnet, würde sie aber eher im Erwachen sehen.

Dieses Erwachen ist kein Vorgang, der durch eine Handlung herbeigerufen werden kann, sondern die Einsicht, dass der menschliche Körper, mit dem sich das Ego identifiziert, nur eine Hülle darstellen kann. Schlafen bedeutet, unwissend zu sein und demnach nicht zu wissen, was wir eigentlich sind. Natürlich sind wir Menschen mit Haut und Haaren, doch dies ist nur unser Erscheinungsbild. Der Körper ist unser Werkzeug, damit wir uns als Freude erfahren können und nicht damit wir Freudemomenten nachjagen.

Das Leben zieht so schnell an uns vorbei und je älter wir werden, umso weniger Lebenskraft steht uns zur Verfügung. Wir verlieren an Elan, an Antrieb, Begeisterungsfähigkeit, an Kreativität und vielem mehr. Deswegen ist es wichtig, sich in jungen Jahren neu auszurichten und sich für diese Umkehr zu interessieren. Allein das Interesse reicht schon aus, dass uns Dinge widerfahren werden, die uns mehr und mehr zu unserem ureigentlichen Sein zurückführen. Nicht umsonst heißt es schon in der Bibel: »Klopfet an und euch wird aufgetan.« Wenn wir keine Signale senden, wird uns das Leben auch keine Chancen einräumen. Ich selbst habe jetzt ein Alter erreicht, wo der Körper viel Aufmerksamkeit braucht und seine Lebenskraft nachlässt. Meine »Körper-Uhrzeit« ist der späte Abend. In dieser besonnenen Zeit ist es eine besondere Herausforderung, sich den körperlichen Schwankungen zu stellen. Natürlich gehe ich aufgrund der lang gewachsenen Erfahrungen gelassener damit um, aber ich bin mir auch bewusst, dass es eine Zeit des Abschieds ist. Zu wissen, dass der Körper ein bloßes Werkzeug ist und ich als Mensch nichts als ein Diener der einen höchsten Allkraft bin, schenkt Zuversicht und Kraft. Denken Sie stets daran, dass es nicht um Ihr Menschsein, sondern um Ihr wahres Sein geht, ohne jeglichen Anhang.

Tun im Nicht-Tun

So wie das Tao vom Tun im Nicht-Tun erzählt, so gibt es andere Glaubensrichtungen, die Ähnliches vermitteln. Das bedeutet aber keineswegs, zu Hause zu sitzen und gelangweilt auf ein Wunder zu warten, sondern aktiv zu werden, lebendig zu sein. Dieses Aktiv-Sein hat nichts mit dem herkömmlichen Willen zu tun, der unbedingt etwas erreichen will. Es bedeutet lediglich, sich im Klaren darüber zu sein, was man will und was man nicht will – und dementsprechend seine Schritte zu tun.

Und wie funktioniert das? Ohne Zwang und frei von Zielen werden Signale gesetzt, auf die uns das Leben antworten wird. Wir brauchen uns nicht darum zu kümmern, wie es weitergeht und wie sich unsere Signale auswirken werden, da uns das Leben die Ergebnisse zeigen wird.

Auch wenn wir Entscheidungen treffen, so ist es schlussendlich das Leben, das entscheidet.

Ein sehr tief greifender Satz, den wir auf uns wirken lassen sollten, um seine wahre Botschaft zu verstehen.

Wir können viel tun, aber nichts wirklich beeinflussen. Nehmen wir an, Sie schreiben fünfzig Bewerbungen. Damit hätten Sie wirklich viel getan und doch könnten Sie den Verlauf Ihrer Bemühungen nicht beeinflussen. Sie könnten danach nichts weiter tun, als auf das Leben zu vertrauen. Vielleicht schenkt es Ihnen eine Möglichkeit jenseits der Bewerbungen oder es sucht genau die Stelle für Sie aus, die für Sie stimmt. Der Mensch neigt dazu, einen Job zu suchen, in dem er viel Geld verdienen kann. Das ist durchaus nachzuvollziehen, doch sollten wir besser darüber nachdenken, welche Fähigkeiten wir anzubieten haben, ohne uns um den Lohn zu kümmern. Der sollte sich aus einer erfüllenden Arbeit automatisch ergeben.

Schau nicht auf die Früchte, optimiere die Saat.

Es geht nicht nur darum, wie wir zu viel oder zu mehr kommen, sondern darum, was wir anderen Menschen anbieten können. Was kann ich tun? Was habe ich anzubieten, was kann ich geben? Wie kann ich mein Umfeld, meine Mitmenschen bereichern? Wenn Sie nach diesen Kriterien einen Job kreieren, werden Sie erfolgreich sein. Geld ist immer nur ein Nebenprodukt Ihrer Fähigkeiten und niemals der Lohn Ihrer Berechnung. Natürlich brauchen wir Geld, um unser Leben zu bestreiten. Geld an sich hat keine Eigenschaften, ist aber mit sehr viel Energie behaftet. Man denke nur daran, dass allein der Gedanke, dass Sie in Kürze einen Gewinn machen oder ein Erbe antreten könnten, bereits Freude und unsagbare

Glücksgefühle in Ihnen auslösen kann. Allein der Gedanke an Reichtum stachelt Ihr Gehirn zu unglaublicher Kreativität an. Es ist noch gar nichts passiert und schon fühlt man sich anders. Es ist wirklich unglaublich, wozu Gedanken fähig sind. Es funktioniert im negativen wie im positiven Sinne gleichermaßen, wobei wir uns von den negativen Kräften mehr beeinflussen lassen. Unterschätzen Sie die Kraft Ihrer Gedanken nicht. Ein jeder einzelne Gedanke schafft Realität. Sind Sie sich dessen bewusst? Beschweren Sie sich daher nicht über Ihre Lebensumstände, sondern zügeln Sie Ihre Gedanken, da allein Sie den Ablauf des Lebens kreieren.

Kann man Freude »tun«?

Freude ist unser ursprüngliches Wesen. Jeder Augenblick ist ein Geschenk. Machen Sie sich einmal bewusst, dass die Schöpfung seit Millionen von Jahren besteht. Aber diesen Moment hat es noch niemals gegeben. Er wird auch nicht mehr wiederkommen, obwohl man das eigentlich so nicht sagen kann. Denn wir leben nur im Moment, im Augenblick, der immer wieder einzigartig und neu ist. Ist ein Augenblick vorbei, sprechen wir von »vorher«. Denken wir an einen Augenblick in der Zukunft, betrachten wir ihn als »nachher«. Doch wo sollen Vergangenheit und Zukunft bitteschön sein? Beides existiert nur im Gehirn. Verzeihen Sie mir, wenn ich mich wiederhole, aber diese Erkenntnis sollte in uns Wurzeln schlagen. Es reicht nicht aus, es einmal zu hören oder zu lesen, sondern wir müssen es immer wieder verinnerlichen. Nur so kann es realisiert werden.

Das Leben findet nur zu unserer Freude statt.

Wir definieren uns über unsere Persönlichkeit und daraus entsteht der Irrtum, den wir »Welt« nennen. Wir haben einen Körper, sind aber nicht unser Körper. Wir definieren uns darüber und sind in Wahrheit viel mehr, als wir uns nur annähernd vorstellen können. Die tatsächliche Größe, die wir seit jeher sind und immer sein werden, kann weder über den Körper noch über den Verstand und die Sinne wahrgenommen oder erlebt werden. So sind wir gezwungen, über all die irdischen Aspekte hinauszugehen, indem wir uns nach innen wenden. Über etwas hinauszugehen, hört sich so an, als würde eine Bewegung stattfinden. Doch ist es keine Handlung im herkömmlichen Sinn, sondern eine Nicht-Handlung, bei der sich einfach die Aufmerksamkeit nach innen wendet. Wie oft habe ich schon gesagt, dass das Leben nur zu unserer Freude stattfindet? In vielen Vorträgen und Büchern habe ich davon gesprochen und geschrieben, doch irgendwie scheint diese Information nicht angekommen zu sein. Oder doch?

Hören Sie sie?

Vielleicht hören wir sie sogar, aber wann dringt sie in unsere Herzen vor? Wenn das Leben nur zu unserer Freude stattfindet, bedeutet das, dass jeder Augenblick Freude ist. Doch wenn wir Momente erleben, die wir als problematisch bezeichnen oder als unangenehm erleben, wie soll das Freude sein? Haben Sie sich diese Frage auch schon gestellt? Die Freude ist nicht offensichtlich, sie versteckt sich hinter all den Aspekten, Objekten, Erfahrungen und so weiter. So könnte man sagen, dass dieses Erforschen, dieses Innehalten, dieses Nach-innen-Gehen als Nicht-Tun betrachtet werden kann.

Es findet keine sichtbare Bewegung statt, doch es geschieht viel mehr, als wir uns vorstellen können. Die großen Dinge geschehen immer im Stillen und niemals dort, wo der Lärm der Zeit tobt. Freude geschieht an keinem Ort, sie ist ortsungebunden. Wer die Freude sucht, sollte sich ohne Rucksack auf den Weg machen. Er sollte eine ungezwungene Reise nach innen wagen. Die Freude, die sich hinter den Dingen versteckt, stülpt sich automatisch nach außen, sobald sie entdeckt worden ist. Das bedeutet, dass all Ihre Handlungen und auch Ihre Arbeit freudvoll sein können.

Gut oder schlecht?

Wir hegen Ablehnungen, Widerstände und hadern mit Aufgaben, die wir nicht gern erledigen. Vieles geht uns gegen den Strich. Ich frage noch einmal: Wie soll da Freude aufkommen? Der Mensch ordnet ein in »gut« und »schlecht«, in »mag ich« und »mag ich nicht«. Das ist das Dilemma und nicht die Umstände an sich. Natürlich gibt es Dinge, die wir mehr oder weniger mögen. Genauso wie uns ein Mensch sympathischer ist als der andere, so verhält es sich auch mit Abläufen und Situationen. Das ist völlig normal und entspricht unserem Wesen.

Doch fragen wir uns einmal, warum wir etwas nicht mögen oder uns jemand unsympathisch ist. Wir vermuten, dass wir jemanden nicht mögen, weil er eigenartig ist. Etwas stört uns an ihm. Die Betonung liegt auf *uns*. Wir wollen etwas nicht tun, weil wir es anstrengend finden oder es uns nicht liegt. Die Betonung liegt auf *wir*. Der Störherd ist nie die Situation oder das Gegenüber, sondern immer nur wir selbst. Wir sollten über Beschuldigungen, Vermutungen, Interpretationen und Ablehnungen hinausgehen und uns selbst betrachten. Im Grunde lehnen wir uns selbst ab, mögen uns selbst nicht oder können irgendeinen Aspekt an uns nicht ertragen. In Partnerschaften verhält es sich umgekehrt: Wir verlieben uns in Aspekte eines anderen Menschen, die uns fehlen oder die wir an uns nicht erkennen können. Das Außen spiegelt unsere Innenwelt und es kann immer nur so sein, wie wir sind. Wie bei der Zeichnung, mit der wir uns intensiv auseinandergesetzt haben.

Der andere kann niemals Schuld haben, so wie etwas nicht schlecht sein kann. Schlecht wird etwas nur, indem wir es so bezeichnen. Wenn wir sagen: »Das sieht nicht schön aus«, berührt das den Gegenstand nicht. Und wenn wir es nicht sagen würden, wäre keiner da, der die Sache auf diese Weise kritisieren würde. Wenn keiner da ist, stört sich auch keiner daran und der Gegenstand ist einfach, wie er ist.

»Nicht schön!« ist nur eine Bezeichnung, ein persönliches Empfinden und keine Eigenschaft des Objekts.

Wer diese Zeilen verinnerlicht und schlussendlich in seinen Alltag integriert, wird schon bald bemerken, dass sich mehr Freude in seinem Leben ausbreitet. Die Freude ergibt sich aus unserem Verhalten, unserem So-Sein. Wie wir sind, so werden wir auch unseren Alltag mit all seinen Inhalten erleben. Erinnern wir uns immer neu an die Großartigkeit unseres Wesens. Der Schlüssel dazu lautet Dankbarkeit. Wir sollten nicht einfach nur für etwas Bestimmtes dankbar sein, sondern jeden Augenblick dankbar erleben. Dies bedeutet automatisch, auch in der Freude zu sein. Dankbarkeit ist Freude. Freude ist Demut. Und Demut ist die Erinnerung an Gott, an unser ursprüngliches Wesen.

Lassen Sie sich spiegeln, was Sie an sich nicht mögen

Welche Ihrer Eigenschaften, Verhaltensweisen oder Gesten lehnen Sie ab?

Mit welchen Eigenschaften Ihrer Mitmenschen haben Sie ein Problem?

Partner oder Partnerin

Mutter

Vater

Freund oder Freundin

Lesen Sie sich alle Punkte, die Sie aufgeschrieben haben, noch einmal durch. Erkennen Sie verwandte Punkte bei Ihrer ersten Liste zu dem, was Sie an sich nicht mögen, und bei den Listen über andere Menschen?

Wenn Ihnen die aufbrausende Art an jemandem missfällt, bedeutet das nicht unbedingt, dass Sie auch selbst aufbrausend sind. Vielleicht ist es hier nur Ihre Uneinsichtigkeit, die Ihnen gespiegelt wird. Sie bemängeln an jemandem einen Mangel. Das bedeutet, dass Sie seinen Mangel bemängeln. Das wiederum heißt, dass das, was

Sie am anderen als Mangel bezeichnet haben, in Ihnen einen Mangel – nämlich den des Bemängelns – hervorgekitzelt hat. Vielleicht bemängeln Sie jemanden, weil er ständig seinen Partner bemängelt. Dann aber tun Sie auch nichts anderes, als jemanden zu bemängeln. Oder?

Projektor aus!

All das, was Sie stört, nervt und was Sie ablehnen, hat etwas mit Ihnen zu tun. Das zu hören, ist vielleicht nicht angenehm, aber es ist sehr heilsam. Es sind Ihre Interpretationen, also ist es auch Ihr Problem. Daher ist es äußerst wertvoll, achtsam damit zu sein, wann man eigene Unzulänglichkeiten auf andere projiziert. Das nämlich ist nicht wirklich hilfreich, wenn man zu sich selbst und damit zur Freude finden will. Es ist bequem, den anderen zu beschuldigen oder die Ursache für eigenen Kummer unterzujubeln. Aber seien Sie sich immer neu bewusst: Alles, was Sie erleben, ist nichts weiter als eine Projektion. Projektionen haben kein Eigenleben. Haben Sie schon einmal darüber nachgedacht?

Wie wäre es, wenn Sie jetzt damit beginnen, bei sich zu bleiben und Interpretationen sein zu lassen? Vielleicht fangen Sie damit an, jeden Tag etwas weniger zu verurteilen, zu kritisieren und zu bemängeln. Das ist bereits ein großer Schritt in die Wirklichkeit. Wenn wir mit Lob auch so schnell wie mit Kritik wären, wäre alles wunderbar. Sehen Sie in sich selbst sowie in all Ihren Begegnungen das Liebevolle und Gute. Wenn Sie sich selbst als etwas Liebevolles und Gutes erfahren, werden Sie es automatisch sein. Bemühen Sie sich nicht, etwas zu verbessern, seien Sie einfach Sie selbst. Strenge sich selbst gegenüber können Sie durch Nachsicht und Ausdauer ersetzen. Wenn ich das Gefühl habe, etwas falsch gemacht zu haben, mache ich es einfach das nächste Mal anders. Ich mache mir keine Vorwürfe und setze mich nicht unter Druck. Damit tu ich mir selbst Gutes und wenn ich selbst freudiger bin, färbt das auch auf mein Umfeld ab.

Dankbarkeit

Mit nichts vermehren wir das Gute und Liebevolle – und damit auch die Freude – in unserem Leben so sehr wie mit einer dankbaren Haltung. Doch nicht nur unsere Freude, auch unsere Dankbarkeit ist meistens von etwas abhängig. Doch muss immer eine Begebenheit, ein Ereignis oder eine Situation vorausgehen, damit wir das Gefühl von Dankbarkeit empfinden? Das kleine Wort »Danke« ist zur Floskel geworden. Auf die Frage »Wie geht es Ihnen?«, folgt meistens ein »Danke gut, und Ihnen?« Es stellt sich die Frage, inwieweit es uns überhaupt interessiert, wie es jemandem geht. Wie oft sagen wir, dass es ohnehin jedem egal ist, wie wir uns fühlen? Dabei könnten wir allein für die Frage »Wie geht's?« dankbar sein.

Dankbarkeit kultivieren

Wofür sind Sie dankbar?

Wie fühlt es sich an, einfach so dankbar zu sein? Kennen Sie dieses Empfinden?

Achtsam und bei sich sein

Wenn wir jemanden nach seinem Befinden fragen, machen wir das aus Gewohnheit oder um einfach nett zu sein, oder interessiert es uns wirklich? Schauen Sie einmal genauer hin, ob vor oder bei dieser Frage nicht schon Ihre eigenen Worte im Kopf darauf warten, den anderen mit Ihren Anliegen zu überrollen.

Oder als Sie das letzte Mal in Gesellschaft eine Zeitschrift oder Zeitung gelesen haben, haben Sie da einige Passagen laut vorgelesen? Vielleicht waren es Dinge, die Sie als lustig oder interessant empfunden haben. Die automatische Schlussfolgerung: Auch der andere muss Gefallen daran finden. So stülpen wir unserem Gegenüber den lieben langen Tag Gelesenes, Gedachtes, Gefühltes, Erinnertes und Erlebtes über. Dieses Verhalten kann eher mit einer Zwangsbeglückung als mit dem Teilen von Freude oder Dankbarkeit assoziiert werden. Zugegeben: Es ist nicht einfach, das, was wir fühlen, denken und erleben, für uns zu behalten. Doch wahre Freude wächst niemals im Außen.

> Die Freude ruht still in sich und vermarktet sich nicht. Sie will nichts und sie muss nichts und lädt einfach dazu ein, ihr zu folgen.

Wie können wir es anstellen, bei uns zu bleiben und andere nicht zu überrennen? Indem wir uns auf das Wesentliche besinnen und Worte und Gedanken als das erkennen, was sie sind: eine Kraft, die wir als Werkzeug gebrauchen können. Worte und Gedanken gehören uns nicht und haben im tiefsten Sinne nichts mit uns zu tun. Wir nutzen sie und definieren uns darüber. Wenn wir das noch nicht erkannt haben, haben sie Macht über uns und benutzen uns. Wir werden gedacht und gelebt, unser Innerstes bleibt auf der Strecke. Die Gewohnheiten haben uns fest im Griff.

Was ich hier sage, soll nicht den Anschein erwecken, dass wir uns niemandem mehr mitteilen sollen. Es geht mir um Achtsamkeit und um eine bewusste Umgangsform mit sich selbst und dem Umfeld.

Leben ist viel mehr, als wir denken

Wir werden geboren und sterben. Zwischendrin gehen wir zur Schule, arbeiten ein wenig (oder ein wenig mehr) und gründen eine Familie. Wir versuchen Besitz anzuhäufen und tun alles Mögliche, um im Alter gut leben zu können. Wir leben aber jetzt und nicht im Alter. Dieses ständige Denken an die Zukunft reicht einfach nicht aus, um wahre Freude zu leben.

Wir glauben, zu wissen, was es mit Leben und Tod auf sich hat. In Wahrheit wissen wir nichts. Weder wissen wir, was geschieht, wenn sich der Körper verabschiedet, noch wissen wir, was es mit dem Leben selbst auf sich hat. Leben lässt sich nicht »wissen«, aber man kann ihm auf den Grund gehen. Und zwar mit all den hilfreichen Werkzeugen wie Hirn und Sinnen, die uns nicht nur für Einkaufslisten, Urlaubsplanung oder zum Problemewälzen zur Verfügung stehen. Wir können sie gezielt in eine andere Richtung lenken – und zwar nach innen.

Unsere Gedanken und Sinne wandern ständig nach außen, weil es zu ihrem Wesen gehört. Doch sie bewusst in innere Gefilde zu lenken, ist eine weise Entscheidung. Wer sich im Außen verliert, dem wird die eigene Innenwelt fremd bleiben. Seine Seele verdurstet.

Seelennahrung

Wir tun alles Mögliche für unseren Körper, aber was tun wir für unsere Seele? Ziemlich wenig. Und warum? Weil wir uns über den Körper definieren und einbilden, nur ein Körper zu sein. In Wahrheit sind wir als Seele in einem Körper. Wir nutzen ihn, damit er uns in die Freiheit führt. Wir aber lassen uns eher in Freizeitparks und zu Vergnügungen führen, statt in die Erlebniswelt des Innenraums einzutauchen.

Das Leben ist wunderbar und wir sollten es genießen. Es ist wichtig, mitten im Leben zu stehen und aktiv daran teilzunehmen. Nur dadurch können wir uns entwickeln und uns von all dem befreien, was wir niemals gewesen sind. Das Leben zu genießen bedeutet, jeden Augenblick bewusst wahrzunehmen und in jedem einzelnen aufzugehen. Es bedeutet sicher nicht, dass wir unsere Zeit mit sinnlosen Aktivitäten vergeuden, tagtäglich stundenlang in den Fernseher schauen oder in unserer Gedankenwelt herumirren.

Die Freude ist die beste Nahrung für unsere Seele. Und sie kennt keine Probleme. Probleme existieren nur für den Verstand. Der Augenblick weiß nichts von Schwierigkeiten und kennt keine Sorgen. Es lohnt sich sehr, über solche großen Themen nachzusinnen, statt schwermütige Erinnerungen stets aufs Neue aufzuwärmen oder Zukunftsängste zu schüren.

Das Hier und Jetzt ist Dankbarkeit und Freude – und zwar in jedem Moment, weil es nichts außer diesem

Moment gibt. Und dieser Moment ist nicht der Augenblick irdischen Geschehens, sondern der Ursprung, der dieses Geschehen zulässt und erzeugt.

Fließen wir mit diesem Strom, der unser ureigentliches Wesen ist, und schauen wir dorthin, wo er fließt, anstatt ständig irgendein Ziel anzupeilen. Wir müssen nichts erreichen, wenn wir erkannt haben, dass jedes Ziel nur in unserem Denken existiert. Gehen Sie in die Natur, das ist der Platz, wo Sie sich selbst am nächsten und von purer Freude umgeben sind. Ein Bach, an dem Sie jeden Tag entlangspazieren, ist jeden Tag anders. Auch wenn er Ihnen immer gleich erscheint, so kann er niemals gleich sein. Unsere Erinnerungen und Prägungen wollen uns Kontinuität einreden. Die aber gibt es genauso wenig wie Sicherheit. Unser Denken gaukelt uns ein Leben vor, das es so niemals gegeben hat und niemals geben wird. Wer im Augenblick ist, hat die Vergangenheit hinter sich gelassen und zerbricht sich auch nicht den Kopf über das Morgen. Er ist angekommen. Im Hier und Jetzt.

Der Wahn, besonders sein und Erfolg haben zu müssen

Wie oft wurde Ihnen in Büchern suggeriert, dass Sie alles erreichen können? Dass alles, was Sie sich auf die richtige Weise wünschen, Realität werden kann? Auch ich habe das Thema oft berührt, doch irgendwie scheinen meine

Worte meist falsch ausgelegt zu werden. Wenn ich Sie damit als Mensch anspreche, glauben Sie, dass Ihre Persönlichkeit etwas tun und erreichen kann. Doch das, was wirklich etwas tut, etwas in die Wege leitet, bevor Sie es überhaupt ausführen können, ist das, was Ihre Persönlichkeit hervorbringt. Ich spreche das an, was Sie tatsächlich ausmacht.

Jeder Mensch will etwas Besonderes sein. Er will etwas erreichen. Etwas Großartiges muss geschehen, damit das Leben großartig ist. Doch warum muss ein Tag besonders sein? Reicht es nicht aus, dass der Tag Tag ist? Die Freude ist auch nichts Besonderes. Sie ist einfach Freude.

Wir aber wurden dazu erzogen, etwas erreichen zu müssen. Wir wurden nahezu darauf gedrillt, erfolgreich zu sein. Zielstrebigkeit ist etwas, was uns eingetrichtert wurde. Schon in der Schule mussten wir besser sein als die anderen. Im Beruf geht es weiter und für den Partner – der natürlich der Beste sein sollte – müssen auch wir unser Bestes geben. Offenbar genügen wir uns weder selbst noch den anderen. Vielleicht glauben wir das auch nur, doch ist es Fakt, dass wir uns immer von unserer besten Seite zeigen möchten. Kaum betritt jemand unser Sichtfeld, verändert sich unser Verhalten, unsere Mimik. Wir nehmen eine Rolle ein. Auch das ist menschlich: Wir wollen gemocht, anerkannt und geliebt werden. Wenn Sie sich einmal vorstellen, dass Sie völlig durchschnittlich, unauffällig und nur normal attraktiv wären, wie empfinden Sie das? Ist diese Vorstellung für Sie unangenehm? Ich finde sie schön! Man muss nichts wissen, nichts können und nichts beweisen, weder sich selbst noch den anderen.

Ist das nicht wunderbar?

Warum aber können wir nicht von diesem Besonderheits- und Schönheitswahn ablassen und einfach nur sein? Wir sind schließlich nicht auf der Welt, um anderen zu genügen und zu gefallen, sondern um uns selbst zu entdecken. Wer sich selbst entdeckt, bemerkt, dass es so etwas wie »jemandem gefallen müssen« und »gut sein müssen« gar nicht gibt. Denn da ist es wieder: Was unterscheidet Gut und Schlecht voneinander? Nur unser Urteil. Erst durch unsere Bewertung wird etwas »gut« oder »schlecht«. In Ihnen aber gibt es nichts, was gut oder schlecht ist, da alles immer nur so sein kann, wie es ohnehin ist. Jegliche Benennungen können wir uns also sparen, da sie nichts weiter als persönliche Empfindungen sind. Eigenschaften sind stets vom individuellen Urteil abhängig und niemals gegeben. Auch das sollten wir erinnern.

Wer sind Sie?

Wollen Sie etwas Besonderes sein? Wollen Sie speziell, gut, witzig oder außergewöhnlich sein?

☐ ja

☐ nein

Wenn ja, warum? Und wie wollen Sie sein? Wem wollen Sie imponieren?

Stellen Sie sich vor, Sie sind nichts Besonderes, können nichts Besonderes und es geschieht nichts Besonderes. Wie wäre dieser Tag für Sie?

- ☐ beängstigend
- ☐ langweilig
- ☐ frustrierend
- ☐ traurig
- ☐ deprimierend
- ☐ mühsam
- ☐ abenteuerlich
- ☐ besorgniserregend
- ☐ spannend

Machen Sie sich gern noch ein paar Notizen:

Damit auch Sie in die Haltung kommen können, dass es wunderbar ist, niemand Besonderes sein zu müssen, hier ein paar Affirmationen. Nutzen Sie sie am besten täglich:

»Ab heute will ich nichts mehr erreichen.«

»Ich muss mich nicht mehr anstrengen, um etwas Besonderes zu sein.«

»Ich bin gut, so wie ich bin. Ich muss niemandem gefallen und auch mir muss die Welt nicht dienen. Ich diene der Welt.«

»Ich sehe das Gute in allem.«

»Ich begegne allen Lebewesen mit Respekt und Demut und tauche ein in die Dankbarkeit.«

»Ich lebe mich selbst und erfreue mich am Augenblick. Ich bin der Augenblick selbst. Der Augenblick ist das, was ich in Wahrheit bin.«

Glauben Sie, dass Sie über Ihr Leben bestimmen können? Wenn Sie herausgefunden haben, was Ihre wahre Identität ist, gibt es nichts mehr, was bestimmt werden müsste. Dann leben Sie Ihre Bestimmung und alles ist gut. Es gibt nichts zu ändern, weil alles bereits in Ordnung ist. Alles ist gut, so wie es ist. Das war es eigentlich immer, aber das Denken stand Ihnen im Weg. Es hat Ihnen Probleme suggeriert. Denn es ist das Wesen Ihres Verstandes, in Problemen zu denken und Ihnen den Marsch zu blasen. Ständig will er Ihnen weismachen: Sie haben etwas falsch gemacht. Wenn Sie etwas getan haben, war es falsch, und wenn Sie es nicht getan haben, ebenso. Ihr Denken findet immer einen Weg, Sie zu kritisieren und zu korrigieren. Das ist keine schlechte Eigenschaft, da es einfach die natürliche Eigenheit des Verstandes ist.

Sie aber haben die Möglichkeit, ihn aktiv für wertvolle Dinge zu nutzen und Ihr Denken in die Tiefen Ihres Seins zu lenken. Denken Sie darüber nach, was Leben an sich ist. Stellen Sie sich Fragen, die Sie sich noch nie gestellt haben. Fordern Sie Ihr Hirn. Fordern Sie es auf, Sie in die Befreiung zu begleiten.

> Der Verstand sollte immer Begleiter, aber nie Führer sein. Wenn Sie ihm die Führung überlassen, sind Sie verloren.

Auf dem Weg in Ihr Seelenreich ist der Verstand ein wertvoller Begleiter. Er kann Ihnen stets eine Hilfe sein, wenn er die Aufgaben erfüllt, für die er geschaffen worden ist. Gedanken sind wie Vögel. Sie fliegen vorbei, sie kommen und sie gehen. Lassen Sie sie nicht landen, und wenn sie bereits gelandet sind, schenken Sie ihnen keine Beachtung. Ohne Ihre Aufmerksamkeit verschwinden sie von ganz allein wieder.

Sind Sie sich dessen bewusst, dass Ihr Denken Sie beherrscht und in die Irre führt? Wie gehen Sie mit Ihrem Denken um? Lassen Sie zu, dass es Ihr Leben lenkt? Denken Sie einmal an das Problemewälzen in Ihrem Gehirn. Haben Sie schon einmal versucht, diesen Vorgang zu stoppen? Wenn ja, haben Sie sicherlich bemerkt, dass das nicht ganz einfach ist. Man könnte auch sagen, dass es nicht funktioniert.

Wo sind Ihre Probleme?

Ist Ihnen schon einmal aufgefallen, dass ein Problem nicht außerhalb von Ihnen, sondern in Wirklichkeit in Ihnen stattfindet? Schreiben Sie einmal auf, was auch immer Ihnen dazu einfällt. Vielleicht auch etwas, was Ihnen am Herzen liegt, was Sie in diesem Zusammenhang beschäftigt oder unter Druck setzt. Welches Verhältnis haben Sie zu Ihren Gedanken? Wie erleben Sie sie? Was denken Sie über sie?

....

....

....

....

....

....

Ihr ganzes Leben könnte ein Fest für Ihre Gedanken sein. Stellen Sie sich vor, dass Sie ein solches Fest veranstalten. Sie sind der Gastgeber. Und das nicht irgendwann einmal, sondern jeden Tag. Jeden Augenblick. Alle Gedanken, die auf Sie zuströmen oder in Ihnen hochsteigen, sind Ihre Gäste. Es liegt an Ihnen, wie Sie sie behandeln. Schauen Sie Ihren Gästen am besten gelassen dabei zu, wie sie an Ihrem prächtigen Fest teilhaben. Erfreuen Sie sich an ihrem Hiersein. Wenn Sie nicht auf sie einsteigen und sich nicht mit ihnen unterhalten, werden Sie bemerken, dass sie das Fest ganz von allein wieder verlassen. Gäste kommen und gehen. Schauen Sie diesem Spiel einfach nur zu. Was auch immer Ihre Gäste Ihnen raten oder Ihnen erzählen, schenken sie dem keine große Aufmerksamkeit. Wenn die Gäste etwas madig machen, Ihnen einreden oder Sie herunterziehen wollen, lächeln Sie. Es zwingt Sie niemand, darauf einzusteigen und es als wichtig zu erachten.

Auf der Suche

Ein Leben lang sind wir auf der Suche. Doch wonach suchen wir eigentlich? Nach etwas, das sich weder greifen noch denken lässt. Aber etwas in uns, eine unsichtbare Instanz, treibt uns immer weiter an. Doch eines steht fest: Wer sucht, wird nicht finden, weil er sich von sich wegbewegt. Und wie kann der Suchende zum Finder werden? Gar nicht, da er nie etwas anderes als das Gesuchte gewesen ist. Er selbst ist das, was gesucht wird. Doch da er das nicht weiß, tappt er im Dunkeln.

Weil das Gesuchte über die Sinne nicht wahrnehmbar ist, sagt sich manch einer, dass es nichts zu finden gibt. Er gibt auf. Doch das Leben ist nicht oberflächlich, es trägt eine Tiefe in sich, die es zu erkennen gilt. Wie das Wort »Tiefe« bereits sagt, kann das Wesentliche nicht an der Oberfläche des alltäglichen Geschehens gefunden werden. Der Weg in die Tiefe braucht seine Zeit. Ein Taucher, der ins Meer springt, wird nicht sofort auf den Meeresgrund stoßen. Es dauert, bis er ihn erreicht hat. Es braucht ebenso viel Mut, Ausdauer und Geduld, um die inneren Tiefen zu erforschen. Und am besten gelingt es mit Leichtigkeit, ohne sich unter Druck zu setzen.

Von Kämpfen und Krämpfen

Haben Sie schon einmal bewusst Todesanzeigen studiert? In ihnen lesen wir meistens dasselbe: »Sein Leben war ein Kampf.« »Er hat bis zum Schluss gekämpft.« »Arbeit war sein Leben.« Das klingt alles andere als freudig. Ich finde das nicht sehr ansprechend. Eigenartigerweise steht nirgends: »Er hat sein Leben genossen.« »Die Natur war sein Leben.« »Er hat sich seiner Krankheit hingegeben.« Schade!

Wie steht es mit Ihnen? Kämpfen Sie noch oder leben Sie schon?

Wie Sie sehen, kann man diesen bekannten Satz einer großen Einrichtungskette beliebig umwandeln. Es klingt komisch und vielleicht lachen Sie darüber. Aber zum Lachen ist es eigentlich nicht, weil wir alle einem ständigen Kampf ausgeliefert sind. Das denken wir zumindest. In Wahrheit kämpfen wir freiwillig. Auch wenn wir uns in einer noch so misslichen Lage befinden, niemand zwingt uns zum Kampf. Das Leben ist friedlich, wenn wir selbst friedlich sind. Frieden beginnt im Kopf und breitet sich ins Leben aus. Er ist unser eigentliches Wesen.

Freiheit

Auch wenn wir für eine gute Sache kämpfen, kämpfen wir. Und wer entscheidet, was gut und was schlecht ist? Nur unser Verstand. Wenn wir abnehmen wollen, kämpfen wir mit dem Übergewicht. Wenn wir nicht weinen wollen, kämpfen wir mit den Tränen. Manch einer kämpft tagtäglich ums Überleben, viele kämpfen darum, dass sie endlich einschlafen können. Menschen, die gut situiert sind und scheinbar weniger Probleme haben, erleben es kaum anders. Jeder Mensch kämpft auf seine Art und Weise. Wie auch immer unsere Situation ist, es ist ein Kampf um die Freiheit.

> Freiheit bedeutet, in den göttlichen freien Willen einzugehen und das Leben in Gottes Hände zu legen. Nur dann sind wir frei.

Wir sind gebunden an Besitztümer und an Menschen. Vielleicht ist uns das gar nicht bewusst. Vielleicht sprechen wir von Gefängnisinsassen und äußern uns abfällig über sie, aber uns ist nicht bewusst, dass wir uns in derselben misslichen Lage befinden. Die Gefangenen, über die wir sprechen, sitzen in einer Strafvollzugsanstalt. Und wir? Wir sitzen in einer selbst erschaffenen Gefängniszelle und wissen gar nichts von diesem Desaster.

Jetzt denken Sie vielleicht, dass Sie ja eigentlich ganz glücklich sind. Das mag sein, aber was nützt Ihnen das Glücklichsein, wenn Sie doch in Gefangenschaft sind. Tauschen wir das Glücklichsein gegen wahres Glück ein, ist Glück kein Empfinden mehr, sondern ein Zustand, der für absolute Freiheit steht. Freiheit ist Liebe. Liebe ist Freude. Freude ist Dankbarkeit. Dankbarkeit ist Gnade.

Ich habe schon lange keine Freude mehr daran, zu kämpfen. Deswegen habe ich den Kampf beendet. Es ist schon lange her, als mich das letzte Mal Widerstände plagten. Jeder Mensch hat ein Ego und wer ein Ego hat, hat Vorstellungen und Erwartungen. Doch je älter man wird, umso einfacher ist es, sie abzulegen. An ihre Stelle ist in meinem Leben das Vertrauen getreten, das mein Leben leitet und bestimmt. Nicht ich bestimme, wie es weitergeht, sondern ich nehme dankbar an, was mir das Leben schenkt. Und schlussendlich ist es das, was ich mir selbst schenke, weil ich mich nicht mehr unter Druck setze.

Fast jeder Mensch ist überfordert. Wie soll er sich am Leben erfreuen? Er steckt im Hamsterrad fest, dreht seine Runden und weiß gar nichts von diesem Käfig. Sicher kennen Sie das: Einmal sagte ein einfacher Arbeiter zu einem viel beschäftigten Manager, der sich in seinem Erfolg suhlte und in Hochmut badete, scherzend: »Ein Hamsterrad sieht von innen aus wie eine Karriereleiter.« Ein Scherz ist das gewiss nicht. Es ist eine Tatsache, die sehr viele Menschen betrifft. Sich auf seine Arbeit, seine Fähigkeiten und seinen Besitz etwas einzubilden, ist eigentlich grotesk. Was auch immer wir können, leisten und haben, haben wir Gott zu verdanken.

Ihre Kämpfe

Wo kämpfen Sie noch? In welchen Bereichen setzen Sie sich unter Druck?

Was können Sie tun oder ändern, um sich zu entlasten?

Hin zur Achtsamkeit

Vielleicht war Ihnen bisher nicht bewusst, dass es nicht die Situation ist, die Druck erzeugt, sondern dass Sie selbst dafür verantwortlich sind. Die Situation ist, wie sie ist – doch wie gelingt es, dem Druck zu entkommen oder ihn erst gar nicht zu erzeugen? Das klingt einfacher, als es ist. Der Mensch ist schnell überfordert und will sich das nicht eingestehen. Das beginnt beim Lernen in der Schule und geht über die Arbeit bis hin zu alltäglichen Situationen, in denen wir einem Bild entsprechen oder etwas Besonderes leisten wollen. Ganz gleich, was Sie tun, es wird immer irgendeine Forderung von außen geben. Eine Aufforderung von Personen, den Umständen oder vom Leben selbst. Das war schon immer so und wird immer so sein. Das ist aber nicht schlecht, denn es hält uns lebendig. Wenn uns nichts fordern würde, würden wir viel Trägheit an den Tag legen und uns gehen lassen. Kreativität, Spontanität und Hingabe würden schlimmstenfalls völlig aus unserem Leben verschwinden.

Doch wenn uns einmal niemand drängt, bedrängen wir uns selbst. Und wenn wir genauer hinschauen, erkennen wir, dass es eigentlich immer nur wir selbst sind, die Druck erzeugen. Natürlich erleben wir Druck von außen, aber wir entscheiden, ob wir ihm nachgeben oder nicht. Wir neigen automatisch dazu, Druck zu übernehmen, was so viele Menschen über kurz oder lang in einen Burn-out führt. Doch niemand kann uns Druck machen, außer wir selbst. Natürlich, wir sind sehr empfindliche Wesen und leiden unter Erfolgs- und Schaffensdrang – aber wir haben viel mehr in der Hand, als wir glauben.

Jeder Augenblick ist eine Aufforderung vom Leben, wach und achtsam zu sein. Oft sind wir zu schusselig, zu ungeduldig, zu unbedacht, zu oberflächlich, zu statisch, zu starr oder zu fokussiert, sodass uns Spontanität und Flexibilität abhandenkommen. Beide sind frei von Druck, geschmeidige und natürliche Seinsweisen, die wir uns jederzeit wieder aneignen können. Zuvor müssen wir uns allerdings bewusst werden, dass es sie gibt, und feststellen, wo es einer Änderung in unserem Leben bedarf.

Was zeigt Ihr Alltag?

Sind Sie flexibel und spontan? Wenn ja, wo?

Wie steht es um Ihre Achtsamkeit? In welchen Bereichen sind Sie zu unaufmerksam und womöglich auch zu schnell?

Die Arten der Ausrichtung

Nicht-Tun ist nicht mit Nichts-Tun gleichzusetzen. Freude kann zwar nicht getan werden, aber sie geschieht, wenn wir zu ihrem Spiegelbild werden. Das bedeutet vor allem, ein reines Innenleben zu haben. Das Innenleben spiegelt das Außenleben. Und es wird vom Außenleben getrübt, sodass wir anfangs kaum Zugang dazu haben. Die Innenwelt offenbart sich nicht von selbst, es ist die Ausrichtung, die sie für uns erlebbar macht. Drei Formen der Ausrichtung sind uns bekannt. Eine geht nach außen und verliert sich dort meistens. Eine andere geht nach innen, während ihr das Äußere nicht unwichtig wird. Man lässt sich davon nur nicht mehr herunterziehen und beeinflussen. Die dritte Form der Ausrichtung ist eine Art Gleichgültigkeit oder Lethargie. Sie betrifft vor allem Menschen, die von Unmut und Depressionen gezeichnet aufgegeben haben. Sie haben sich im Netz ihrer Gedanken verstrickt und sich der Angst gebeugt, weil sie nicht in der Lage oder nicht offen dafür waren, den Gedanken und der Angst auf den Grund zu gehen.

Bevor wir vom weltlichen Tun ins Nicht-Tun gelangen, müssen wir Offenheit entwickeln. Eine gewisse Bereitschaft, diesen Weg zu gehen, muss gegeben sein. Sie hat etwas mit Reife zu tun, was aber nicht bedeutet, dass es bessere und schlechtere Menschen gibt. Im Grunde genommen sind wir alle gleich, wobei sich die einen im Weltlichen verlieren und andere bestrebt sind, darüber hinauszugehen. Um offener zu werden, gibt es einige Schritte, die uns dabei sehr hilfreich sein können. Ich nenne sie hier die »Tepperwein-Essenzen«, denn ich lehre sie seit Langem.

Ein paar »Tepperwein-Essenzen«

Die Tür zur Seele ist bei vielen Menschen verschlossen, aber sie kann jederzeit geöffnet werden. Mit diesen Essenzen öffnen Sie die Tür bereits einen kleinen Spalt. Ist sie einmal so weit aufgestoßen, kann sie sich von selbst weiter auftun. Der kleinste Windhauch kann die Tür, und somit Sie selbst, innerlich bewegen. Jede gute Absicht kann ein Lüftlein, jede gute Handlung ein Wind, jedes gute Wort ein Sturm und jeder gute Gedanke ein Orkan sein. Vergessen wir nie, dass wir die Tür selbst öffnen müssen, bevor wir durch sie hindurchschreiten können.

Gehen Sie immer den schwierigen Weg

Wer den leichtesten Weg wählt, wird nicht gefordert. Je schwieriger der Weg ist, umso größer wird der Lohn sein. Auf dem schwierigen Weg können wir uns und unsere Schwächen erkennen und erlösen, was beim leichtesten Weg nur im geringen Maße möglich ist.

Fällt Ihnen dazu etwas ein, was Sie künftig anders machen oder verbessern könnten?

Entscheiden Sie niemals zu schnell

Ihr Herz soll entscheiden, nicht der Verstand. Das bedeutet nicht, dass Sie den Verstand völlig ignorieren sollen.

Überdenken Sie jede Lage gründlich, um anschließend Ihre Intuition und Ihr Gefühl entscheiden zu lassen. Wichtig ist, sich immer Zeit zu geben und nichts zu übereilen. Entscheidungen können oft nicht mehr rückgängig gemacht werden. Deshalb sollten Sie davon überzeugt sein. Etwas auf sich wirken zu lassen, zieht große Wirkungen nach sich. Nutzen Sie die Kunst der Langsamkeit. Übereilte Aktionen führen bekanntlich nirgendwohin.

Fällt Ihnen dazu etwas ein, was Sie künftig anders machen oder verbessern könnten?

Lassen Sie alles los, was nicht zu Ihnen gehört

Das betrifft nicht nur materielle Güter, sondern vor allem Ihre Gewohnheiten. Alte Muster können Sie getrost hinter sich lassen. Und das Wichtigste ist, alte Gedankenmuster zu erkennen und zu durchschauen. Gedanken, die Sie nicht vereinnahmen, müssen Sie erst gar nicht loslassen und sie können Sie somit auch nicht belasten. Gedanken sind Kräfte, die unweigerlich auf unser System einwirken und unser Leben steuern. Deswegen sollten wir auf der Hut sein und negative Gedanken nicht wiederholen. Nehmen Sie Gedanken, die Sie ereilen, erst mal nicht zu ernst. Lassen Sie sie fallen, bevor sie sich in Ihnen einnisten können. Positive Gedanken, die für den Alltag förderlich sind, und notwendige Gedankengänge, die der Orientierung und Alltagsabwicklung dienen, sind natürlich völlig okay. Die meine ich nicht, wenn ich vom Loslassen spreche. Es sind die hartnäckigen, problembehafteten Gedanken, die wir nicht nähren sollten, weil sie sich negativ auf die Psyche und auf die Gesundheit auswirken. Sie sind alles andere als nützlich. Deshalb lassen wir sie am besten elegant vorbeiziehen, wie Wolken, die am Himmel schweben.

Fällt Ihnen dazu etwas ein, was Sie künftig anders machen oder verbessern könnten?

Beobachten Sie so oft wie möglich, wo Ihre Aufmerksamkeit ist

Ihre Aufmerksamkeit sollte immer im Augenblick sein, und zwar genau dort, wo Sie handeln und sind. Ihre Gedanken sind in der Regel immer unterwegs. Sie schweifen ab und sind in der Vergangenheit oder halten sich in der Zukunft auf. Wir aber sollten im Jetzt sein.

Gedanken sind ein wichtiges Werkzeug, ohne das wir nicht leben könnten. Dennoch: Richten Sie Ihre Aufmerksamkeit stets nach innen, und zwar hinter all das, was Sie gerade umgibt. Tauchen Sie in den Ursprung der Dinge ein, dorthin, wo Ihr eigentliches Sein wohnt. Die Aufmerksamkeit kann in jedem Augenblick bewusst von unnützen Dingen abgezogen werden. Das ist ein langwieriges und nicht so einfaches Unterfangen, weil wir es gewohnt sind, die Gedanken frei herumziehen zu lassen. Wenn Sie Ihre Aufmerksamkeit aber tagtäglich mehrmals – und zwar immer, wenn Sie daran denken – zu sich zurückholen, werden Sie sogar eine Verbesserung Ihres körperlichen Wohlbefindens verspüren. Die Aufmerksamkeit gleicht der Achtsamkeit. Es geht darum, ständig präsent zu sein. Es reicht nicht aus, auf dem Sofa zu sitzen und zu sagen: »Ich bin ja hier.« Hier zu sein ist viel mehr als körperliche Anwesenheit. Es bedeutet, dass der Geist still ist und in sich ruht.

Fällt Ihnen dazu etwas ein, was Sie künftig anders machen oder verbessern könnten?

Achten Sie auf Ihren Ausdruck

Jeder Mensch hat eine Ausstrahlung. Ich nenne sie energetische Signatur. Es ist ein Ausdruck des Inneren, der die Außenwelt formt. Diese Signatur zieht Situationen, Menschen und das, was Sie erleben, an und stößt es auch wieder ab. Wenn Sie mit Ihren Gedanken und Sinnen im Augenblick sind, werden Ihnen die Lebensumstände dorthin folgen. Das bedeutet, dass sie leicht und unbeschwert sind. Wer jedoch mit verdunkelter Signatur durchs Leben geht, wird schwere Umstände erschaffen. Dies ist nichts Außergewöhnliches, es ist nahezu logisch. Wenn Sie eine Birne kaufen, können Sie keinen Apfel essen. Was auch immer Sie ins Leben hineingeben, es antwortet Ihnen wie ein Echo. Das Leben ist ein Spiegelbild Ihres So-Seins. Demnach sollten Sie sich bewusst sein, dass all Ihre Handlungen, Gedanken und Gefühle das formen, was Sie als Ihr Leben bezeichnen.

Fällt Ihnen dazu etwas ein, was Sie künftig anders machen oder verbessern könnten?

Geben Sie dem Leben die richtigen Anweisungen

Damit meine ich nicht, dass Sie ihm Befehle erteilen und es manipulieren sollen, sondern dass Sie durch die Reinheit Ihrer Anwesenheit Schönes formen. Wer kennt sie nicht, die Gesetze des Universums? Sie besagen unter anderem, dass im Kosmos ein Gleichklang herrscht. So wie Groß und Klein, Oben und Unten, Warm und Kalt einander bedingen, gibt es überall Gegensätze. Der Gegensatz der Innenwelt ist die Außenwelt. Wer nur positiv denkt, wundert sich vielleicht, dass er so viel Negatives erfahren kann. Doch hier braucht man nicht verblüfft zu sein, es hat lediglich ein Ausgleich stattgefunden. Deswegen lohnt es sich, weder positiv noch negativ zu denken, sondern sich in der Mitte einzupendeln. Wer neutral ist und keine Stellung bezieht, das Wünschen, Wollen, Müssen sowie das ewige Kritisieren, Verurteilen, Ärgern und Jammern sein lässt, pendelt sich nach und nach im Raum der Neutralität ein. Das ist der Raum des Beobachtens. Von hier aus können wir Dinge geschehen lassen und sie einfach nur genießen. Da wir sie nicht beeinflussen können, lassen wir sie so sein, wie sie sind. Und zwar genau so, wie sie sind.

Fällt Ihnen dazu etwas ein, was Sie künftig anders machen oder verbessern könnten?

Der Umgang mit Krisen

Wie nähern wir uns Problemen? Wenn Probleme nur durch unsere Widerstände und Sichtweisen entstehen, ist diese Frage eigentlich überflüssig. Wir alle suchen nach einem Rezept für ein glückliches Leben. Es sollte ohne Schwierigkeiten und wenn möglich immer fröhlich sein. Doch dieses Leben gibt es nicht. Das Leben besteht aus Höhen und Tiefen und in beiden wohnt die Freude. Natürlich können wir sie beim ersten Hinsehen nicht immer entdecken, weil sich unsere Persönlichkeit ja stets betroffen fühlt. Sofort versucht sie eine Lösung für Schwieriges zu finden und geht auf Abwehr. Doch lassen Sie bei der nächsten Unannehmlichkeit Ihre Widerstände einfach mal im Raum stehen. Handeln Sie nicht, unternehmen Sie nichts. Wenden Sie sich auch nicht von der Situation ab. Öffnen Sie die Augen und schauen Sie sich die Umstände genau an. Fragen Sie sich, warum Sie diese Situation ablehnen. Warum muss sie anders sein? Fragen Sie sich auch, wie es wäre, sie einfach so zu lassen. Sich mit den Umständen auszusöhnen und unangenehme Gefühle und hässliche Gedanken einfach ziehen zu lassen.

Es geht nicht darum, die Situation zu akzeptieren, da Sie sie ohnehin nicht ändern können. Es geht darum, sich bewusst zu sein, dass die Situation nicht schlecht ist, sondern dass Sie sie als schlecht bezeichnen, weil Sie sie anders haben wollen. Wenn Sie sie nicht mehr ändern wollen, müssen Sie auch nicht mehr dagegen sein. Es liegt also an Ihrem Verhalten, Widerstände abzubauen und mit dem Fluss des Lebens zu fließen. Erzeugen Sie keine Nebenflüsse, die Ausweichmanöver unternehmen und Änderungen erzwingen wollen. Das Flussbett lässt sich nicht ändern, aber wenn Sie Ihre Sichtweise, Ihre Einstellungen und Ihr Verhalten ändern, wird sich das Flussbett weicher, geschmeidiger und schöner präsentieren. Das Flussbett ist Ihr Abbild, Ihre eigentliche Essenz.

Fällt Ihnen dazu etwas ein, was Sie künftig anders machen oder verbessern könnten?

Wahre Menschlichkeit

Wie sollen uns andere ihren Respekt erweisen, wenn wir mit uns selbst lieblos und grob umgehen? Wir setzen uns unter Druck, sind unzufrieden mit unserem Aussehen und mit unserer Leistung. Wir hadern mit den Gegebenheiten, bekritteln Familie und Partner und haben ständig irgendwo etwas auszusetzen. Das ist ein äußerst respektloses Verhalten uns selbst gegenüber. Wir verlangen zu viel von uns und sind oft ungeduldig.

Das kommt auch davon, dass wir uns gern mit anderen vergleichen. Vergleiche anzustellen, das ist etwas, was wir ständig tun und dessen wir uns meist überhaupt nicht bewusst sind. Doch wie kann man sich oder etwas überhaupt mit jemand anderem oder etwas anderem vergleichen? Beklagen wir uns, dass der Kürbis nicht so riecht wie die Rose? Aber wir vergleichen Essen in Restaurants, die Eigenschaften und das Äußere von Menschen und vieles mehr. Aber wie kann man Menschen oder Ereignisse miteinander vergleichen, wo doch jeder und jedes für sich einzigartig ist?

Vergleiche sind gar nicht so harmlos, wie wir denken. Sie schmälern nämlich unser Selbstwertgefühl und lassen uns an uns selbst zweifeln. Würden wir uns nicht mit Dünneren vergleichen, könnten wir uns nicht als übergewichtig bezeichnen. Würden wir nicht ständig auf die Menschen schielen, die jünger oder besser aussehen, könnten wir uns mit unserem Aussehen und auch mit unseren Falten versöhnen. Würden wir unseren Lohn nicht mit dem von anderen vergleichen, müssten wir nicht jammern und könnten mit den Gegebenheiten zufrieden sein. Das Jammern über die schlechte Bezahlung hätte ein Ende. Nachdem wochenlang die Sonne geschienen hat, stört uns der Regen. Freuen wir uns doch darüber und beenden wir das Spiel der Vergleiche. Es ist ganz gleich, wo wir hinschauen, das Problem liegt in unserer Betrachtungsweise – und hier speziell darin, dass wir Vergleiche anstellen.

Als ich mich das erste Mal mit diesem Thema beschäftigte, war mir gar nicht bewusst, wie oft ich in Vergleichen steckte. Es ist erschreckend, von welchen Programmen wir uns leben lassen. Und es ist noch erschreckender, dass wir es nicht einmal bemerken. Wenn man sich dessen bewusst wird, kann man auch erkennen, dass Vergleiche absolut lächerlich sind. Alles unterscheidet sich und nichts ist gleich. Wie kann man sich mit irgendetwas oder irgendjemandem vergleichen? Diese Angewohnheit ist wie ein faules Korn, das wir entfernen sollten. Im Getreide würde es Würmer geben. Und was macht es mit uns?

Wer nicht mehr vergleicht, lebt wesentlich glücklicher.

Wer nicht vergleicht, muss nicht mehr ständig schweren Gedanken nachhängen. Er ist frei. Das gelingt, indem wir unsere Gedanken beobachten und nicht als unsere eigenen deklarieren. Wir müssen sie nicht zu unseren machen, indem wir sie ständig nähren. Es lohnt sich, sie zu zügeln.

Wessen Wille zählt?

Wir leben nicht nur im ständigen Vergleichen, sondern versuchen auch unentwegt, die Dinge an unsere Vorstellungen anzupassen. Wir leben nach dem Motto: Was nicht passt, wird passend gemacht, zumindest versuchen wir es. Unsere Mitmenschen sollen sich uns angleichen, am besten gefällt uns das Leben, wenn es nach unserem Geschmack ausgerichtet ist. Dabei vergessen wir, was passieren muss, wenn diese Ansicht beinahe jeder vertritt. »Mein Wille geschehe«, lautet oft unser höchstes Gesetz. Dass es den »einen Willen« gibt, der der höchste ist, scheinen wir vergessen zu haben. Jeder soll sich uns anpassen, aber wir sind nicht bereit, uns zurückzunehmen und anderen den Vortritt zu lassen. Und natürlich möchten wir nicht, dass sie besser sind, mehr können oder im Mittelpunkt stehen, da dieser Platz in unserer Vorstellung für uns reserviert ist. Wenn wir so leben – ist Gemeinschaft dann mehr als ein Wort?

Viele Menschen sprechen vom Wir-Denken, doch dieses »Wir« soll ihnen entsprechen. Doch müsste das Wir nicht allen gefallen? Wie wäre es, einer Gesellschaft Platz zur Entfaltung zu geben, die Rücksicht und wahre Menschlichkeit auszeichnet? Wo wir auch hinsehen, alles unterscheidet sich. Keine Blume gleicht der anderen, so wie kein Baum dem anderen gleicht. In der Tierwelt verhält es sich nicht anders und bei uns Menschen ist es ebenso. Alles ist anders. Ist das nicht wunderbar?

Wahre Gemeinschaft

Milliarden von »Einzigartigkeiten« harmonisch zu vereinen, ist garantiert eine große Aufgabe, die nur dann gelingen kann, wenn sich jeder Einzelne auf sich besinnt. So entsteht die Möglichkeit, das Besondere in der Schlichtheit zu erkennen. Sich zurückzunehmen, wird zu einem natürlichen Verhalten, zu einem natürlichen Wesenszug. Bescheiden zu sein, ist kein Charakterzug, sondern ein ureigentlicher Wesenszug, der allen Menschen innewohnt. Diese Bescheidenheit bezieht sich jedoch nicht auf materielle Güter oder Besitz, sondern auf den inneren Wert, der immer von Einfachheit geprägt ist. Was heißt das im Leben für uns?

Wir müssen nicht immer die Ersten sein, wir können auch warten. Das schenkt uns Geduld, was etwas Wertvolles ist. Beim Buffet, beim Reisen, beim Konzert, beim Seminar, am Arbeitsplatz – es bietet sich überall die Möglichkeit, sich zurückzuhalten und anderen den Vortritt zu gewähren. Eine edle Haltung, die Menschlichkeit beweist.

Es sind die stillen Werte, die einen Menschen so besonders machen.

Wir müssen nicht immer die Besten sein, auch andere Menschen haben hervorragende Fähigkeiten. So können wir uns mit anderen freuen, denn Freude zu teilen, hat etwas mit Zuneigung und Menschlichkeit zu tun. Geltungsdrang zerstört die Harmonie zu unserem Umfeld.

Wir müssen nicht immer beliebt sein und können uns auch wohlfühlen, wenn uns jemand nicht so toll findet oder uns keine Beachtung schenkt. Auch darin erleben wir, dass jeder Mensch anders empfindet, und das ist doch wunderbar! Wenn ich merke, dass ich jemandem unsympathisch bin – kann es sein, dass ich ihn zuvor auch schon abgelehnt habe? Vielleicht habe ich ihn auch gedanklich kritisiert oder ihm einfach keine Beachtung geschenkt.

Mein Respekt gilt nicht nur denjenigen, die mir gut gesonnen sind, sondern sollte völlig unabhängig von der gegenseitigen Sympathie gegeben sein. Vielleicht entdecke ich sogar, dass sich der andere gar nicht anders verhalten konnte, weil ich ihm energetisch genauso entgegengetreten bin. Aber auch wenn das nicht der Fall ist, steht fest, dass wir in jedem Menschen das Liebe und Gute sehen können, wenn wir uns nicht in Oberflächlichkeiten und Äußerlichkeiten verlieren.

Als Person sind wir sehr beschränkt und können nur eingeschränkt wahrnehmen, nämlich das, was wir über die Sinne filtern. Aus diesem Grund entstehen Missverständnisse: Fehlinformationen und Fehlinterpretationen, die wir mit Fakten verwechseln. Was auch immer uns am anderen missfällt, es ist unsere Wertung, die mit dem anderen nichts zu tun haben kann.

Die folgenden Fragen sind eine Anregung für Sie. Sie sind vielleicht nicht so einfach zu beantworten. Natürlich gibt niemand gern zu, dass er hochmütig ist oder gern im Mittelpunkt steht. Doch das Hochmütige und das, was gern im Mittelpunkt steht, ist das Ego. Es gehört zur Hülle und nicht zum Kern. Es ist das, worüber wir uns definieren, aber nicht das, was unsere eigentliche Identität ausmacht.

Das Ego entlarvende Fragen

Versuchen Sie, so weit wie möglich ehrliche Antworten zu geben. Sich selbst zu belügen, bringt Sie nicht weiter. Es geht darum, die Tücken des Egos zu erkennen. Denn durch diese Erkenntnis wird bereits eine Veränderung eingeleitet. Wie also steht es mit Ihrem Verhalten in folgenden Punkten? Kreuzen Sie Ihre Antworten an und machen Sie sich, wenn Sie wollen, noch zusätzlich Notizen.

Lassen Sie anderen den Vortritt?

☐ ja
☐ nein
☐ ab und zu
☐ weiß nicht
☐ ist mir egal

Stehen Sie gern an erster Stelle?

☐ ja

☐ nein

☐ ab und zu

☐ weiß nicht

☐ ist mir egal

In welchen Situationen sind Sie nachgiebig?

Wie verhalten Sie sich an einem Buffet?

☐ Ich schaue, dass ich der Erste bin.

☐ Ich nehme mir so viel wie möglich.

☐ Wenn es nur noch wenig von einem Hauptgericht gibt, nehme ich es mir komplett.

☐ Ich lasse anderen gern den Vortritt.

☐ Ich habe Angst, zu wenig zu bekommen.

Wie reagieren Sie, wenn es etwas kostenlos gibt?

☐ Ich nehme so viel, wie ich tragen kann.

☐ Ich lasse anderen den Vortritt.

☐ Ich behalte es für mich.

☐ Ich erzähle es gleich anderen, damit sie sich auch etwas holen können.

☐ Ich freue mich und nehme mir so viel, dass andere auch genug bekommen.

Sind Sie anderen gegenüber fair?

☐ ja

☐ nein

☐ ab und zu

☐ weiß nicht

☐ ist mir egal

Sind Sie ein guter Verlierer?

☐ ja
☐ nein
☐ ab und zu
☐ weiß nicht
☐ ist mir egal

Können Sie andere auch gewinnen lassen?

☐ ja
☐ nein
☐ ab und zu
☐ weiß nicht
☐ ist mir egal

Bemühen Sie sich darum, gemocht zu werden?

☐ ja
☐ nein
☐ ab und zu
☐ weiß nicht
☐ ist mir egal

Was tun Sie alles dafür?

Ein kurzer Blick zurück: Was haben Sie schon alles dafür getan?

Inwieweit haben Sie sich verstellt? Sich selbst verleugnet? Sich selbst belogen und betrogen? Andere benutzt?

Schließen Sie die Augen und lassen Sie Ihre Antworten auf sich wirken. Nutzen Sie die Gelegenheit für eine kurze Meditation und schauen Sie, welche Emotionen hochsteigen. Bewerten Sie nichts und versuchen Sie auch nicht, Ihre Gefühle loszuwerden. Stellen Sie einfach fest, womit Sie konfrontiert werden und welche Gefühle in Erscheinung treten.

Halten Sie kurz fest, was Sie soeben empfunden haben:

Welche positiven Schlüsse können Sie aus der Übung ziehen?

Worin haben Sie sich schon verändert?

Was werden Sie zukünftig besser machen?

Die eine große Kraft

Es gibt einen Unterschied zwischen »das Beste geben« und »der Beste sein«. Es ist eine wunderbare Eigenschaft, vollen Einsatz zu leisten und sein Bestes zu geben. Dagegen gibt es nichts einzuwenden. Wer sich allerdings einbildet, der Beste zu sein, glaubt, dass er allein etwas geschafft hat. Grundsätzlich ist es aber so, dass wir ohne die »eine Kraft« überhaupt nichts bewerkstelligen können. Wir sind immer nur ausführendes Organ, auch wenn es »unsere Handlungen« sind.

Anstatt über jemand zu lästern, der etwas nicht gemacht oder geschafft hat, sollten wir uns dafür bedanken, dass wir es können. Beginnen wir damit, den Blick auf uns selbst zu richten. Wir müssen uns nicht ständig darum kümmern, was andere tun. Haben wir nicht alle Hände voll zu tun, um selbst alles richtig zu machen?

Wahre Menschlichkeit heißt nicht, zu anderen nett zu sein, sondern wahres Menschsein zu leben.

Es versteht sich von selbst, dass jeder sein Bestes geben will, aber bessere oder schlechtere Menschen gibt es mit Bestimmtheit nicht. Jeder Mensch besitzt Fähigkeiten und Eigenschaften, die wirklich gut sind. Bei den einen sind sie gut versteckt, bei anderen weniger. Aber tief in uns drinnen sind wir alle »das Beste«, weil das Eine nicht »das Beste«, sondern schlichtweg DAS ist.

Ihr Beitrag ... und der der »einen Kraft«

Sind Sie sich dessen bewusst, dass es Gnade ist, wenn Sie in der Lage sind, das Beste zu geben, was Sie als »mein Bestes« erachten? Und wissen Sie, dass das Ergebnis nicht allein an Ihrer Person liegt, die etwas geleistet hat? Was denken Sie darüber und wie sehen Sie das?

Gewinn und Verlust

Das eine mögen wir, das andere nicht. Wer will schon gern ein Verlierer sein? Doch die Frage, die sich hier stellt, ist: Warum denken wir überhaupt in den Kategorien von Gewinn und Verlust? Weil wir so aufgewachsen und erzogen worden sind. Gewinnen und Verlieren bestimmen das Leben, sie bestimmen die Welt. Gewinnen und Verlieren sind mit Emotionen verknüpft. Wären sie das nicht, würden wir nicht zwischen ihnen unterscheiden. Stellen Sie sich vor, Sie sind der Verlierer und empfinden Freude.

Dann würde das »Gewinnen« doch an Tragweite verlieren, oder?

Würden Sie lieber einen Job verlieren oder einen gewinnen? Vielleicht ist der Verlust ja ein Geschenk, weil etwas Neues auf Sie wartet, weil neue Möglichkeiten Sie in eine ganz andere Richtung schieben wollen als in die, in die Sie jetzt gehen? Wir wissen schlussendlich nicht, was gut oder schlecht für uns ist.

Wenn Sie Ihren Job verlieren, reagieren Sie wahrscheinlich mit schlechten Emotionen, weil Ihnen zum Beispiel nun die Sicherheit für Ihre Mietzahlungen fehlt. Wenn wir etwas genauer hinsehen, ist es meist nicht der Job, den wir als Verlust ansehen, sondern der Fakt, dass wir kein Geld mehr bekommen. Die meisten Menschen, die ihre Arbeit verlieren, leiden unter dem Verlust des Gehalts und sind nicht allzu traurig, weil sie nicht mehr arbeiten dürfen. Wenn wir hier präziser hinsehen, erkennen wir, dass es nicht die Situation selbst ist, die uns bedrückt, sondern die möglichen Folgen, die uns dadurch ereilen.

Das folgende Beispiel verwende ich hierbei immer wieder gern, weil es so eindrücklich und gut verständlich ist: Es gibt Menschen, die Angst vor Hunden haben. Doch es ist nicht der Hund, vor dem sie sich fürchten, sondern sie haben Angst, von ihm gebissen zu werden. Ängste entstehen aus Befürchtungen und Vorstellungen, die die Zukunft betreffen, und entspringen nicht der Gegenwart. Wer hier und jetzt, aus dem Augenblick heraus lebt, ist nicht in Angst. Ich sage nicht, dass ein solcher Mensch nicht auch mal Angst hat. Jeder kann in jedem Augenblick mit Angst konfrontiert werden. Doch die Frage ist, wie geht er mit dieser Angst um? Akzeptiert er sie? Oder hinterfragt er sie, um ihr auf den Grund zu gehen? Um herauszufinden, woher sie kommt, was sie mit ihm zu tun hat und was Angst wirklich ist?

Was steckt hinter der Emotion? Ein möglicher Biss ist nicht der Grund für die Angst. Zuerst zeigt sich die Angst vor dem Hund, dahinter steckt die Angst vor dem Biss, gefolgt von der Angst vor dem Schmerz und weiteren möglichen Folgen. Sie alle sind auch wieder mit Ängsten verknüpft. Wenn wir in diesem Moment dem Hund gegenüberstehen, ist die Angst bereits da. Es ist noch nichts passiert und trotzdem steigen unangenehme Gefühle in uns hoch, die uns lähmen. Somit ist die Angst nur an unsere Gedanken gebunden, die in die Ferne schweifen.

Wieder wird klar: Wir sollten sorgsam mit unseren Gedanken umgehen und aus der oberflächlichen Betrachtung in eine bewusstere übergehen, damit wir uns selbst besser verstehen können. Wir glauben zwar, uns zu kennen, aber so wie wir uns sehen und empfinden, sind wir gar nicht. Diese Sicht, dieses Empfinden, sie entsprechen lediglich Vorstellungen, Bildern und Eindrücken, die uns andere vermittelt oder die wir über uns selbst gewonnen haben. All das basiert auf Annahmen, die zu Missverständnissen und Fehlinterpretationen führen können.

Nehmen wir uns wahr, wie wir wirklich sind, und lassen wir all die Eigenheiten, die mit dem Ego zusammenhängen, beiseite!

Das Ego ist etwas Wunderbares, da es uns auf dem Weg nach Hause begleitet. Doch ist es nicht mehr als ein Hilfsmittel und ein Werkzeug. Wer bis zur Freude vorstoßen will, muss das Ego überwinden und erkennen, was es mit ihm auf sich hat. Wer das entdeckt, wird der Freude in die Arme fallen und sich wundern, dass all das, was ihn bedrückt hat, verschwunden ist. Ich hoffe, dass Ihnen meine Anregungen in diesem Buch dabei helfen werden. Glauben Sie an sich selbst und an Ihre Fähigkeiten, die wirklich grenzenlos sind. Aus eigener Erfahrung kann ich Ihnen sagen, dass man sich aus dem Ego-Gefängnis befreien kann, auch wenn es viel Geduld und Ausdauer braucht. Seien Sie nicht zu streng mit sich. Machen Sie es wie ich: Nehmen Sie sich die Zeit, die Sie dazu brauchen. Sie haben Ihr Leben noch vor sich.

So ist das mit der Freude

Es gibt freudvolle Gefühle und es gibt die eine Freude. Worin sie sich unterscheiden, haben wir uns in den letzten Kapiteln näher angeschaut. Gefühle kommen und gehen, die Freude aber bleibt. Sie ist das Bestehende, unveränderlich und ewig. Nach der Freude zu streben bedeutet, nicht irgendwohin zu gehen oder irgendetwas erreichen zu müssen, es besagt das Gegenteil: stehen bleiben. Innehalten und in sich hineinschauen.

Freude lässt sich nicht durch das äußere Leben entdecken, sie wohnt in ihm und damit auch in uns selbst. Tief in uns ist die Freude und das ist es, was in Vergessenheit geraten ist. Das spielt aber keine Rolle, denn was man vergisst, kann man auch wieder erinnern. Das Wort »erinnern« deutet schon darauf hin, dass »Er« im »Inneren« ist. Doch ein Leben lang suchen wir Glück und Zufriedenheit im äußeren Leben – und eines Tages bemerken wir, dass uns nichts wirklich zufriedenstellt. Kurzzeitig konnten uns Ereignisse und Gegebenheiten Befriedigung schenken, doch niemals waren sie beständig. Kaum ist etwas geschehen, ist es auch schon wieder vorbei. Das ist der Lauf des Lebens. Wir wissen, dass der Gipfel kein Ort ist, an dem man sich ein Nest bauen und gemütlich zurücklehnen kann. Es ist lediglich eine Momentaufnahme.

All das, was heute ist, kann morgen ganz anders sein. Dinge und Menschen tauchen auf und verschwinden wieder. Heute sind wir gesund, morgen krank und übermorgen sind wir der Mittelpunkt eines Begräbnisses. Oder wir fangen noch einmal ganz neu an. Reichen Ihnen flüchtige Glücksgefühle, denen gewiss wieder Schmerz und Leid folgen? Oder wollen Sie die wahre Freude leben?

»Müsset im Naturbetrachten
Immer eins wie alles achten:
Nichts ist drinnen, nichts ist draußen;
Denn was innen, das ist außen.
So ergreifet ohne Säumnis
Heilig öffentlich Geheimnis.

Freuet euch des wahren Scheins,
Euch des ernsten Spieles:
Kein Lebendiges ist ein Eins,
Immer ist's ein Vieles.«

Wer dieses Gedicht von Johann Wolfgang von Goethe nicht nur liest, sondern über die Worte und Gedanken hinaus tief wahrnehmen kann, entschlüsselt ein Geheimnis. Viele haben es aufgeschrieben, wenige kennen es und kaum einer lebt es. Warum? Worte berühren uns, wir finden sie schön. Aber wir wenden sie nicht an. Warum leben wir sie nicht? Was nützen sie uns, wenn wir sie nicht ins Leben einfließen lassen? Wenn Sie sich ein schönes Bild kaufen, hängen Sie es dann in den Keller? Nein, Sie finden einen Platz dafür, wo Sie es so oft wie möglich bewundern können. Es nimmt an Ihrem Leben teil.

Lassen wir also unsere Einsichten und Erkenntnisse an unserem Leben teilhaben. Wir können jederzeit zur Freude vordringen, weil sie allgegenwärtig ist. Worauf warten Sie? Kontinuierliche Achtsamkeit, Wachheit und Klarheit sind wie Dynamit. Gewaltlose, stille Waffen, die uns gezielt eingesetzt und richtig dosiert ein neues Leben schenken.

Wie können wir Freude kreieren?

Indem wir aufhören, etwas kreieren zu wollen.

Was können wir tun? Was ändern? Was muss geschehen?

Wenn nichts mehr geschieht, ist es die Freude, die sich erhebt.

Über den Autor

Kurt Tepperwein, 1932 in Lobenstein geboren, widmete sich nach langjähriger Unternehmensberater- und Heilpraktikertätigkeit voll und ganz dem Mysterium Leben. Er studierte Kulturen und Philosophien auf verschiedenen Kontinenten und an den unterschiedlichsten Orten der Welt. Als Bewusstseinsforscher, Seminarleiter und Autor unzähliger Werke sieht er seine Aufgabe darin, das allumfassende Wissen sowie seine wertvollen Erkenntnisse mit spirituell Interessierten und nach dem Lebenssinn suchenden Menschen zu teilen.

Seine Fähigkeit, Menschen zu begeistern und zu faszinieren, hat er sich nicht angeeignet oder angelernt, sie basiert auf eigenen Erfahrungen. Seine Authentizität und Hingabe an das Lebensthema Nr. 1 »Zufriedenheit und Erfüllung im Alltag zu erfahren« transportieren das Wesentliche und begeistern. Kurt Tepperwein versteht es wie kaum ein anderer, die materielle und geistige Sicht der

Dinge zu umfassen und in einer harmonischen Ganzheit zu betrachten. Ergänzend zu mehr als 80 Büchern, unzähligen DVDs und Audio-CD-Aufnahmen erreichen seine beliebten Kompakt-Ausbildungslehrgänge (z. B. Lebens-, Intuitions-, Mental- oder Kausal-Berater, Coach und Trainer) nicht nur Topmanager und Spitzensportler, er spricht mit seinem lebensbejahenden und natürlichen Wesen jeder Altersgruppe und Berufsgruppe aus dem Herzen.